OBSTACLES
PRESS

Par Chris Brady et Orrin Woodward

Copyright © 2011 par LIFE Leadership

Première édition, septembre 2015

Publié par:

200 Commonwealth Ct., Cary, NC 27511

Les photographies par Chris Brady
"Ma destinée est rétablie par des instances supérieures" poème par Orrin Woodward
les autres poèmes par Chris Brady

La conception et la mise en page et page couverture Norm Williams, nwa-inc.com

La traduction l'équipe à BGB Passion

lifeleadership.com

À ceux qui osent vivre une vie d'excellence.

"La vie est l'art d'écrire sans efface."
– John Christian

"Avant que vous pouvez gagner la bataille, vous devez y participer."
– Bill Walsh

REMERCIEMENTS

La rédaction d'un livre est une curieuse aventure, une qui implique de longs moments d'étude, de la réflexion, des querelles avec la langue. Cependant, l'image d'un sage seule voûtée sur son bureau, avec un stylo et une plume en main, ne constitue qu'une partie de la vérité. La vraie histoire implique un plus grand effort d'équipe que peut réaliser le lecteur occasionnel.

Dans la production de cette œuvre, tout comme nos précédents, nous sommes profondément reconnaissants à plusieurs personnes dont la contribution et l'expertise ont été essentielles à son achèvement. D'abord et avant tout, nous tenons à remercier nos femmes et nos enfants pour leur amour et leur soutien, et à de nombreuses reprises, leur patience. Cela ne doit pas être facile de voir deux hommes fous pris dans leur imaginaire collectif comme un petit cyclone, au détriment de toutes les autres responsabilités et considérations. Nous vous remercions de nous permettre de créer librement. Nous sommes également profondément reconnaissants à la fois pour l'amitié et la direction de Rob Hallstrand, qui s'est révélé être de niveau mondial à coordonner le côté organisationnel de nos vies.

Nous voudrions également remercier tout le personnel de Obstaclés Press, Inc. et particulièrement Bill Rousseau, pour ses longues heures et ses efforts inlassables dans les coulisses. Notre infographiste, Norm Williams, mérite également un merci très spécial pour soutenir la lourde charge qu'exige un livre graphique comme celui-ci. Sa créativité et son expertise sont certainement l'un des personnages principaux dans ce livre!

Comme toujours, nos vies et tous les aspects sont le don précieux de notre Seigneur et Sauveur, Jésus Christ. À Lui honneur et gloire.

INTRODUCTION

Après une autre série de chirurgie du cancer, Donald Hall a écrit : « Pendant des semaines après ma dernière opération, frêle et sans énergie, dormant dix heures, j'ai regardé dans ma chambre à tous les livres que je n'avais pas lus et pleura sur mon incapacité à les lire. Ou j'ai regardé les grands livres que j'avais lus trop rapidement dans mon avidité, me disant que j'y reviendrais plus tard. Il n'y a jamais de plus tard, mais pour la plus grande partie de ma vie, j'ai cru en plus tard. » La vie est courte. La vie est précieuse. Plus on vieillit, plus nous pouvons nous identifier aux commentaires de Hall. La vie est quelque chose que nous ressentons profondément à l'intérieur comme quelque chose de spécial, à être conservé, à être bien traités.

John Gardner a écrit : « La société qui méprise l'excellence dans la plomberie parce que la plomberie est une humble activité, et tolère la mauvaise qualité en philosophie parce qu'elle est une activité exaltée, n'auront ni bonne plomberie ni bonne philosophie. Ni ses tuyaux ni ses théories ne retiendront l'eau. »

Frank Capra, le directeur du film classique *La vie est belle (It's a wonderful life)*, a été interrogé sur le message principal de son film. Après avoir réfléchi quelques instants, Capra a répondu : « Je crois que le véritable message de *La vie est belle (It's a wonderful life)*, c'est que sous le soleil, rien n'est insignifiant à Dieu. »

Dans ces trois considérations abstraites, nous pouvons obtenir une image des composants d'une vie bien vécue. Nous voyons qu'un moment gaspillé est perdu à jamais, et donc en quelque sorte la vie doit être vécue à l'instant, mais également toujours vécue dans un excellent moyen, parce que même pas une de ses fractions de seconde n'est insignifiante à Dieu. Autrement dit, la vie est importante. Nous sommes importants. Et la façon dont nous vivons notre vie est importante. De gaspiller notre temps est la tentation la plus facile, mais elle donne le plus grand des regrets, et peut-être la plus grande tragédie.

« La vie est courte. » « La vie est précieuse. » « La vie est éphémère. » « La vie est bonne. » « C'est votre vie. » « Choisissez la vie. » « La vie sur la voie rapide. » « La grande vie. » « C'est ma vie. » Il semble n'y avoir aucune limite pour les expressions et les platitudes pour tenter d'exprimer quelque chose au sujet de ce mystère qui s'appelle la vie. Puis, entre autres choses, il y a du céréale *Life*, un magazine *Life*, et un jeu *Life*, démontrant la prépondérance des applications commerciales du concept. La vie est dans nos pensées, dans nos produits commerciaux, dans notre langue et dans nos discours. Nous savons tous ce que c'est. Nous avons toute notre propre vie à expérimenter.

Et pourtant, en même temps, nous connaissons si peu de choses à son sujet. La puissance de Dieu de créer la vie, de bénir notre vie et de nous donner la vie éternelle est au-delà de toute notre compréhension. Chacun de nous avons des expériences de vie parce que nous sommes tous vivant, mais ce fait est loin de nous qualifier comme des experts sur le sujet.

Non. La vie est principalement un profond mystère : un voyage de découverte, un pèlerinage vers un but plus élevé, un essai, un cadeau, un jeu. Encore une fois, nous pouvons à peine parler de ce sujet sans céder à offrir une ruée de métaphores!

Dans les pages qui suivent se trouvent des commentaires variés couvrant plusieurs aspects de ce sujet multiforme et fascinant. Nous les appelons les « 8 F. » Ce sont : la foi, la famille, l'amitié, le plaisir, la liberté, la forme, les finances, et le leadership. Il pourrait certainement en avoir plus (les lecteurs ont offert de pêche, du football, de la nourriture, de la mode et des armes à feu, entre autres — note de la traductrice en anglais tous ces mots commencent par la lettre « F »), mais nous sentons qu'une grande partie du sujet peut être adéquatement analysé du point de vue de ces huit points critiques. Dans nos esprits, ils comprennent les rayons d'une roue, avec la vie étant le noyau et notre interaction avec les autres et le monde extérieur serait la jante.

Nous tenons également à regarder le mot, « VIE » comme un acronyme : Vivant intentionnellement pour l'excellence. C'est de cette façon que nous cherchons à maximiser nos dons dans chacune des huit catégories et à les utiliser dans un but qui nous transcende ainsi que nos intérêts égoïstes. Une vie bien vécue est une qui est utilisée pour un but supérieur, une vocation et un état d'être. L'inverse est une vie gaspillée, dans lequel nos bénédictions sont gaspillées principalement sur la paix personnelle et la richesse. Dans une telle vie, l'ennui est très probablement l'embarras que nous éprouvons tous lorsque nous savons que nous pourrions faire davantage avec nos dons. Vivre une vie d'excellence n'est pas le fait du hasard, mais plutôt par de grands efforts dépensés judicieusement et intentionnellement — qui fait l'objet de ce livre.

Dans le présent document, le lecteur ne trouvera pas une pédante organisation du matériel comme si le sujet pourrait être organisé soigneusement. Au lieu de cela, ce qui suit est un assortiment d'aliments pour chacun des huit secteurs. L'arrangement est un peu mélangé, mais ne vous inquiétez pas, le format du matériel y est aussi. Il y a des commentaires courts et longs, ainsi que 580 des citations des autres les plus populaires et les plus poignantes bons mots (comme ils sont rendus publics à leurs partisans respectifs sur Twitter). Cet arrangement apparemment aléatoire est intentionnellement conçu pour améliorer la lisibilité, la rétention et la jouissance. Nous ne pouvons qu'espérer qu'à travers des représentations graphiques et des accords créatifs nous ayons atteint notre objectif. Le lecteur aura la liberté de décider.

❝Tweets par Chris Brady❞ (ce style de police)

"Tweets par Orrin Woodward" (ce style de police)

Bien que ce livre soit inspiré de l'art avec de couleurs vives, ne vous précipitez pas en manquant le point principal : Votre vie est importante; elle a un sens; et elle importe. Vous avez reçu des cadeaux uniques et merveilleux, et vous les avez reçus pour un but, pour une raison. Résistez à la maladie occidentale moderne, dans lequel le confort et le matérialisme imprègnent l'existence quotidienne. Au lieu de cela, choisissez intentionnellement de vous élever au-dessus de votre temps et de vivre une vie peu commune : celle qui est vécue intentionnellement pour l'excellence.

Il a été dit que notre vie est un don de Dieu, alors que ce que nous en faisons est notre cadeau à Lui. Dans cette perspective, il se peut que ce soit votre vie, mais elle n'est pas vôtre pour gaspiller.

« Personne ne devrait jamais avoir faim, en remâchant ses mots, en avalant des quolibets et en ravalant sa fierté. »

« De penser que le sage n'est pas capable de folie n'est pas sage. »

« Le facteur limitant votre succès n'est pas la taille des obstacles, mais la taille de votre rêve. »

« Les gens oublient ce que vous avez gardé, mais ils n'oublieront jamais ce que vous avez donné. »

« Le cynisme est ce qui arrive quand on donne trop de latitude au scepticisme. »

« Pas de cran, pas d'histoire. »

« Ne jamais sous-estimer le danger de sous-estimer. »

13

❝LA VIE EST TROP COURTE POUR ÊTRE PETITE.❞

❝LES SEULS REMPLAÇANTS DES BONNES MANIÈRES SONT LES BONS RÉFLEXES.❞

« Il n'y a aucune impasse dans la vie, seulement des impasses dans la pensée. »

« La pensée est le type de travail le plus difficile, c'est pourquoi plusieurs personnes l'évitent. »

« Si nous allons faire des erreurs de toute façon, pourquoi ne pas apprendre d'elles — 'des moments enseignables'. »

« Si vous remplissez votre tête de pensées positives, il n'y aura plus d'endroit pour celles qui sont négatives. »

Ce que nous avons et ce que nous donnons ne sont pas aussi importants que ce que nous contribuons et ce que nous laissons derrière.

Je commence vraiment à penser que l'ignorance est plus dangereuse que le mal...

« Le pouvoir absolu ne corrompt pas, mais plutôt, il dévoile la personnalité. »

« Ne méprenez pas la pensée pour l'action et ne méprenez pas l'action pour les résultats. »

Parfois le leader est le leader, parce qu'il est le seul qui est certain de ne pas avoir toutes les réponses.

Quand les gens exigent que le gouvernement « fasse quelque chose », le « faire » vient habituellement au dépend de la liberté.

Celui qui rit dure

Le leadership c'est l'influence que nous avons sur les autres. Afin d'acquérir cette influence, l'on doit être digne de confiance et être en même temps un interprète, un visionnaire et une foule d'autres choses que nous avons décrites dans notre livre *Lancer une révolution en leadership*. Il y a aussi quelques considérations du côté « doux ». L'une de celles-ci, souvent ignorée, est l'humour.

L'habileté d'inspirer la gaieté et la rapidité avec laquelle nous rions sont des aptitudes efficaces pour gagner de l'influence. Pourquoi? Parce que les gens aiment être avec ceux qui sont amusants et qui les font rire.

Vous trouverez ci-dessous dix façons d'augmenter à la fois votre habileté à apprécier l'humour et celle à contribuer au rire :

NE VOUS PRENEZ PAS TROP AU SÉRIEUX

1. Ne vous prenez pas trop au sérieux. Le monde est bien trop plein de gens gonflés de leur propre importance. Éloignez-vous de ces gens ennuyeux en prenant tout au sérieux, sauf vous-même.

2. Ayez une attitude de gratitude. L'une des choses qui retient de nombreuses personnes loin de l'humour est leur mauvaise attitude. Elles sont de trop mauvaise humeur pour voir le côté drôle de quoi que ce soit. Vous n'apprécierez pas la subtilité qu'est l'humour sauf si vous commencez en étant reconnaissant.

> Les gens les plus agréables à fréquenter sont ceux qui sont capables de rire rapidement d'eux-mêmes.

3. Faites de vos manies l'objet principal. Les gens les plus agréables à fréquenter sont ceux qui sont capables de rire rapidement d'eux-mêmes. À l'inverse, le pire type de personnes à fréquenter est celui qui rit des autres.

4. Restez à l'écart du sarcasme. L'humour est dangereux, surtout lorsqu'il est mordant ou dégradant. Avancez avec précaution — en particulier lorsqu'il s'agit de votre « style d'humour ». Le sarcasme peut être amusant à servir, mais il n'est jamais agréable à recevoir.

> Quand les gens sentent que vous ne leur voulez aucun mal et que vous êtes plutôt intéressés par leur bien-être, ils vous feront confiance et ils seront ouverts à vos déclarations.

5. Soyez généreux. L'un des éléments les plus touchants des gens est leur bon cœur. Il est percevable dans tout ce qu'ils disent. Quand les gens sentent que vous ne leur voulez aucun mal et que vous êtes plutôt intéressés par leur bien-être, ils vous feront confiance et ils seront ouverts à vos déclarations. Cette posture décontractée rend tout ce que vous dites plus drôle.

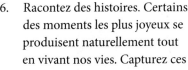

6. Racontez des histoires. Certains des moments les plus joyeux se produisent naturellement tout en vivant nos vies. Capturez ces moments dans votre esprit sous forme d'histoires et conservez-les pour plus tard. Être capable de raconter de bonnes histoires humoristiques est toujours une compétence très recherchée.

7. Devenez un observateur prodigieux. Mark Twain a été le premier à inventer ce terme, dévoilant le secret de sa joie. La comédie vient du fait de percevoir les choses petites et subtiles de cette vie que nous partageons. C'est cette observation prodigieuse qui vous donnera des histoires à raconter au no 6.

8. Mettez en place des techniques. Il y a certaines compétences qui améliorent l'humour, telles que le bon moment, la livraison, les expressions du visage, la dramatisation, les gestes, et ainsi de suite. Avec le temps et en répétant, développez votre propre style.

9. Soyez circulaire. De ramener quelque chose qui a eu lieu plus tôt dans une conversation peut être drôle. Soyez attentifs aux moyens d'appliquer l'humour utilisé plus tôt à de nouvelles situations.

10. Soyez un bon rieur. L'un des éléments clés pour réduire la tension dans une pièce est d'être vous-même un bon rieur. Le rire est vraiment contagieux. Appréciez rapidement les autres et leurs tentatives d'humour, leurs propres humeurs seront allégées, et ils seront mieux préparés pour recevoir vos railleries.

Nous pourrions passer toute la journée sur ce sujet, mais un dernier conseil à propos de l'humour : sachez quand arrêter!

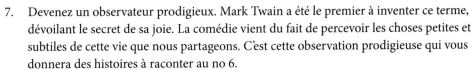

La comédie vient du fait de percevoir les petites choses subtiles de cette vie que nous partageons

Le monde a besoin de leaders

Peut-être maintenant plus que jamais, le monde a un besoin urgent de leadership. Je ne parle pas de la variété sirupeuse, du télésouffleur ou du politicien au visage malléable qui vous dit ce que vous voulez entendre. Je ne parle pas non plus du noble, ou du haut placé, ou des bien nantis. Je ne parle pas des bien-pensants, ou des contrôleurs mondiaux, ni des gens assez arrogants pour penser qu'ils peuvent sauver le monde si seulement ils pouvaient imposer suffisamment de leur infaillible sagesse aux autres.

Non. Ce à quoi je me réfère, c'est au vrai leadership : le genre de leadership qui jaillit parmi la population des gens bons, laborieux et honnêtes. Je ne sais pas pourquoi, mais il me semble que la mentalité générale des gens d'aujourd'hui tourne autour de : « il devrait y avoir une loi » ou « le gouvernement devrait faire quelque chose » ou « une agence doit être créée pour améliorer la situation ». Cette mentalité est dangereuse, lâche et paresseuse. Le monde a rarement été amélioré par un système centralisé, imposé du haut vers le bas de la notion de l'utopie de quelqu'un, et pourtant, c'est exactement ce genre de solution à laquelle nous sommes devenus habitués ou conditionnés.

Beaucoup, beaucoup de nos problèmes d'aujourd'hui sont le résultat direct d'une prise de décision centralisée, descendante et collectivisée. C'est « gouvernement ceci », « agence cela, » jusqu'au moment où nous sommes étouffés en vertu du règlement et du contrôle. La même fausse pensée qui les a créés ne peut pas résoudre ces problèmes qui ont été créés.

Il est certain que les défis de notre époque exigent des solutions, mais les solutions de la variété de base, les correctifs qui surviennent des personnes les plus touchées et les plus concernées, avec l'état des choses dans leur monde. L'initiative individuelle et le courage, combinés avec l'ingéniosité et la créativité, sont responsables de plus de bonnes choses et de progrès dans le monde que n'importe quel organisme collectif de bureaucrates gouvernementaux et des idiots professionnels. Cela se produit lorsque les individus sont libres de concevoir, de créer, de bâtir, de construire, de produire et de prospérer. En bref, lorsque des individus mènent.

> Le leadership n'est pas un sous-ensemble de théories de gestion, de politique ou d'affaires. Il est au centre de toutes les activités humaines.

Le leadership n'est pas un sous-ensemble de théories de gestion, de politique ou d'affaires. Il est au centre de toutes les activités humaines. Il y a toujours des personnes qui osent se tenir debout devant l'injustice, se tenir à l'écart de la nécessité, et s'en tenir au principe. Ils utilisent ce qu'ils ont, où ils sont, pour arranger ce qu'ils perçoivent comme étant erroné. Ils améliorent les choses, les déplacent, et contribuent à l'image globale par leurs actions individuelles.

C'est ça le leadership.

Et nous avons besoin maintenant des individus de partout dans le monde.

Allez-vous répondre à l'appel?

18

« Les leaders font ce qui doit être fait pour que leurs actes soient connus par des milliers de personnes ou ne soient connus par personne. »

« Les idées ont d'énormes conséquences dans la vie d'une personne, car vous finissez par devenir ce en quoi vous croyez. »

❝VOS DÉSIRS À COURT TERME SONT LES ENNEMIS DE VOS RÊVES À LONG TERME.❞

❝LE SUCCÈS EST HORS DE LA PORTÉE DE LA PLUPART DES GENS PARCE QU'ILS ESSAIENT DE LE RÉPARTIR SUR TROP D'ACTIVITÉS.❞

19

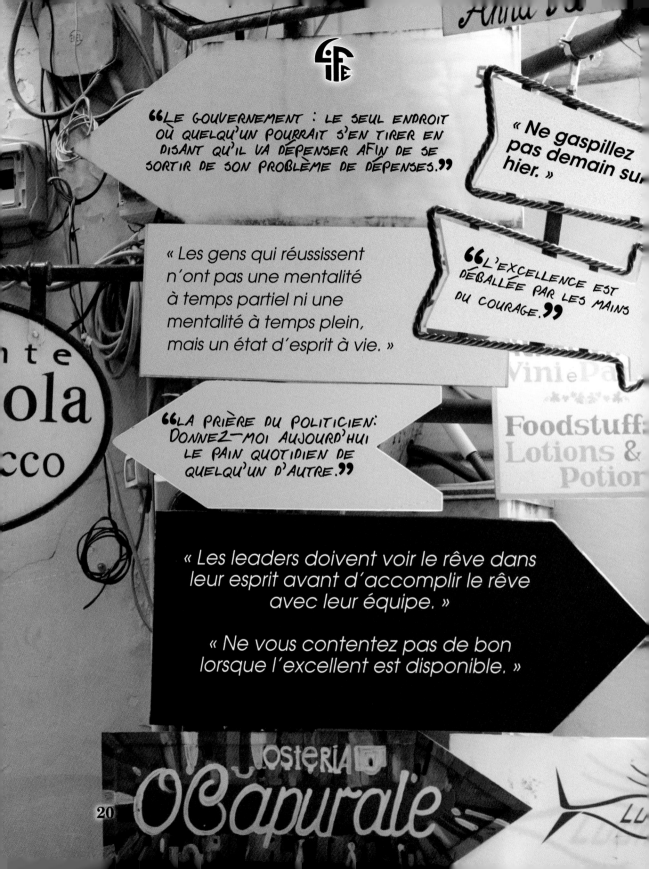

« Le gouvernement : le seul endroit où quelqu'un pourrait s'en tirer en disant qu'il va dépenser afin de se sortir de son problème de dépenses. »

« Ne gaspillez pas demain sur hier. »

« Les gens qui réussissent n'ont pas une mentalité à temps partiel ni une mentalité à temps plein, mais un état d'esprit à vie. »

« L'excellence est déballée par les mains du courage. »

« La prière du politicien : Donnez-moi aujourd'hui le pain quotidien de quelqu'un d'autre. »

« Les leaders doivent voir le rêve dans leur esprit avant d'accomplir le rêve avec leur équipe. »

« Ne vous contentez pas de bon lorsque l'excellent est disponible. »

Le plaisir, la douleur et la raison d'être

Nous nous efforçons puissamment à rendre les choses parfaites. Par contre, les aimerions-nous ainsi? À quoi ressemblerait une partie de golf, si chaque coup de départ et coup roulé était parfait à chaque fois? Quel serait le plaisir de la chasse si, à chaque sortie, la meilleure des bêtes était abattue avec des tirs parfaits? La victoire de tout genre offrirait-elle la vraie récompense si elle ne se trouvait pas de l'autre côté de la lutte? Qui voudrait voir un film sans aucun conflit à résoudre?

Lorsque nous envisageons les difficultés de ce monde, il peut être bon de considérer que, même si nous n'aimons pas la douleur, le plaisir n'est pas beaucoup mieux pour nous. Réfléchissez à ceci : trop de luttes et de chagrins nous poussent au désespoir. Par contre, d'autre part, trop de plaisir et de liberté produisent l'ennui et le vide. (Pensez aux nombreux personnages célèbres qui apparemment « avaient tout », mais qui ont détruit leurs vies.)

Se pourrait-il que nous soyons seulement « heureux », non, sain d'esprit, en vivant quelque part entre les deux? Avant de considérer la lutte comme un ennemi, nous devrions peut-être être également conscients de son homologue de l'autre côté. Du moins, la douleur et la souffrance sont évidemment blessantes. Le plaisir et la facilité sont des agresseurs sournois.

Que devons-nous faire entre les deux?

Je pose comme principe que vivre la vie avec une raison d'être est la façon dont nous devrions naviguer dans ces eaux. Nous subirons un peu de douleur, éprouverons quelques plaisirs, nous serons malmenés par les deux comme sur les vagues, mais notre navire devrait être dirigé vers ce rivage lointain. Il importe de savoir vers où nous naviguons et comment nous y naviguons. En orientant votre boussole, je recommande l'Ecclésiaste 12,13 pour relever une position : « Écoutons la fin du discours : Craignez Dieu et observez ses commandements : c'est là ce devoir de tout homme. »

> Trop de luttes et de chagrins nous poussent au désespoir

> « L'ingratitude produit la fierté tout comme la gratitude produit l'humilité. »

> « Dans la vie, la plupart des gens abandonnent ce qui est possible pour ce qui est confortable. »

VIVRE AVEC UNE INTENTION PRÉCISE

Au début de notre aventure en affaires, en assistant à un séminaire de leadership, un conférencier a dit six mots dont nous n'avons jamais oublié : « Faites tout avec une intention précise. » Cela peut paraître étrange pour certains à quel point six mots peuvent avoir un effet si profond, en changeant, à partir de ce jour-là, la façon dont nous voyions la vie; mais les ateliers de développement personnel bonifient ces résultats en améliorant constamment sa perspective et c'est exactement ce qui s'est produit ce jour-là. Nous avons appris que la productivité n'est pas la même chose que d'être occupé. **Dans le jeu de la vie, il est facile de rester occupé, mais il nécessite une grande concentration pour avoir des intentions précises.**

Quels sont les principaux domaines sur lesquels nous devons nous concentrer afin de rendre les leaders productifs et non seulement occupés? Socrate a dit: « La vie non examinée n'est pas digne d'être vécue. » Afin d'améliorer notre impact, nous devons examiner la vie, chercher pour voir quels domaines ne sont pas à la hauteur de nos attentes, tout en nous demandant : faisons-nous tout avec une intention précise? Ce concept puissant change des vies lorsqu'il est appliqué de façon cohérente. En tant que communauté, nous avons identifié huit « fondamentaux » qui peuvent faire une différence dans la vie de quelqu'un, comme indiqué dans « l'introduction » de ce livre. Ils sont: **la foi, la famille, la forme, les finances, la liberté, les amis, le plaisir, et le leadership.** Étudiez cette liste et méditez sur les domaines qui, s'ils étaient améliorés, offriraient un plus grand impact sur la qualité de votre vie. Par exemple, imaginons que la famille, les finances et la forme sont les trois domaines dans lesquels vous aimeriez vous améliorer. La prochaine étape consisterait à développer une intention précise dans chaque domaine, de faire un plan de jeux pour le succès.

> *La vie non examinée n'est pas digne d'être vécue.*
> – Socrate

Supposons que vous êtes marié et que vous avez plusieurs enfants. Il est facile de se promener à travers le mariage et l'éducation des enfants avec aucune intention précise. Lorsque des problèmes surviennent, ils sont traités, mais les problèmes surgissent constamment et obstinément, vous laissant perplexe. Cela se produit lorsqu'il n'y a pas de plans globaux ou d'intention précise, en vivant au jour le jour, mais cela n'a pas besoin d'être comme ça. L'un des plus grands avantages d'une association avec une communauté qui apprend, est de réaliser que tout le monde travaille également à s'améliorer dans certaines ou toutes les catégories des « 8 fondamentaux ». Dans la communauté de LIFE, il n'est pas seulement acceptable d'emprunter les connaissances et l'expérience de votre voisin, ce qu'il faut c'est encourager. La vie est tellement occupée, agitée, et difficile que nul n'a le temps, sans parler de la tendance, de rassembler toutes les réponses pour eux-mêmes par l'entremise du long processus d'essais et d'erreurs ou l'approche presque aussi difficile de rechercher toutes les ressources disponibles. Toutefois, tous ensembles, nous sommes plus forts que nous le sommes séparés. Si un autre leader en qui vous avez confiance et que vous respectez a réussi à élever quatre enfants et qu'il vous donnait les secrets de son succès est-ce que cela n'accélérerait pas le processus d'apprentissage pour vous? Ne serait-ce pas un merveilleux début (et en fait, un raccourci) dans l'élaboration d'un plan de jeu d'intention précise? En écoutant le matériel audio de LIFE, en lisant des livres sur les rôles et les responsabilités de chaque conjoint et en étudiant les principes des meilleurs parents, on peut faire de grands progrès très rapidement. Pourquoi plonger dans une grande responsabilité comme celle-là sans toute l'aide que vous pouvez obtenir? Comme l'a dit Isaac Newton en recevant une récompense : « Si j'ai vu plus loin, c'est parce que je me suis levé sur les épaules de géants. » **Tenez-vous sur les épaules de géants** qui ont accompli ce que vous désirez et utilisez l'expertise des autres pour développer une intention précise pour votre famille.

Qu'en est-il du domaine des finances? Dans la famille typique, moins d'un mois de revenu les sépare de l'insolvabilité. Vivre sur le bord d'une catastrophe est stressant et pas recommandé. En fait, il est tellement stressant, c'est à se demander pourquoi tant de gens vivent de cette façon en premier lieu. La réponse est souvent la simple vérité que personne ne leur a enseigné les principes financiers qui, s'ils sont appliqués constamment, produiraient les résultats souhaités. La plupart des gens qui gagnent 30 000 $ par année croient que si ils gagnaient 40,000 $ par année, leurs ennuis seraient finis, mais chose étrange, les gens qui gagnent 40,000 $ par année semblent croire que ça leur prendraient 50,000 $ par année pour résoudre leurs problèmes. Le problème avec cette façon de penser est que peu importe combien vous gagnez, si vous dépensez tout cela, vous êtes constamment sur le bord de la falaise financière. Autrement dit, ce n'est pas ce que vous faites, mais ce que vous gardez qui détermine la réussite financière. Des personnes peuvent être financièrement solides en gagnant 30,000 $ par année. D'autre part, des personnes peuvent être financièrement insolvables en gagnant 500,000 $ par année. Nous avons vu des gens dans les deux positions à de nombreuses reprises au fil des ans. Jusqu'à ce que l'orgie des dépenser soit arrêtée, les luttes financières continueront et souvent s'aggraveront. La bonne nouvelle est que des milliers de personnes ont appliqué les lois financières enseignées dans le matériel de LIFE et ont pris le contrôle de leur avenir financier. De nombreuses personnes, qui ont vécu une situation financière véritablement catastrophique, profitent maintenant d'un style de vie sans dette parce qu'ils ont appris à appliquer les lois financières du succès dans leur vie. Si vous êtes fatigué de vivre d'une paie à l'autre, si vous êtes fatigué de regarder dans l'abîme financier, alors faites un bilan de santé de ce que vous avez par-dessus les épaules en apprenant la littérature financière. Il est temps de développer une intention précise et de maîtriser les lois financières du succès.

Enfin, parlons de la forme physique. L'Amérique du Nord souffre considérablement d'un manque de forme. À partir de mauvaises habitudes alimentaires, du niveau de stress élevé et du manque d'exercices, de la mauvaise santé handicapent plusieurs personnes,mais cela n'a pas besoin d'être ainsi. De milliers de personnes, appliquant de bonnes habitudes de santé et développant des choix de mode de vie plus sains, bénéficient maintenant des avantages d'une meilleure information. La plupart des Nord-Américains, simplement en mangeant mieux, pourraient perdre de dix à quinze livres et presque immédiatement se sentir mieux, physiquement et mentalement. Peu de gens se rendent compte que bien manger est plus de 80 % du défi dans l'amélioration de la santé. Un régime alimentaire de malbouffe va conduire à un organisme malsain. En plus, combiner de mauvaises habitudes alimentaires avec le haut niveau de stress, vous avez une recette pour des attaques cérébrales, des crises cardiaques et le cancer. La forme physique ne peut pas compenser pour la génétique, mais souvent il peut faire la différence entre une vie saine et des maladies récurrentes. Puisque nous n'avons qu'un seul corps, ne serait-il pas logique de l'entretenir? L'un de nos meilleurs amis était, selon son médecin, en danger d'une attaque cérébrale qui attendait à se produire. Le médecin lui interdit même de faire tout exercices exténuants jusqu'à ce qu'il puisse contrôler sa pression sanguine. Nous sommes heureux d'annoncer que grâce à l'information disponible dans la communauté

de LIFE, sa tension artérielle est maintenant en dessous de la moyenne et par le régiment d'une saine alimentation, de bons suppléments santé et de l'exercice, il a perdu 30 livres et depuis des décennies il ne s'était pas senti mieux. Ce n'est qu'un des nombreux exemples. La forme est un autre domaine très important sur lequel il faut se concentrer avec une intention précise.

Alors, étudiez les « 8 fondamentaux » pour vous-même. Dans quels domaines avez-vous besoin d'améliorer la situation et n'avez pas encore appliqué la bonne pression pour faire le travail? En ayant un appui de la communauté avec vous, le travail est plus facile, l'information plus facilement accessible, les tâches plus agréables et la victoire beaucoup plus sucrée. Il est temps de surmonter tout ce Goliath qui vous empêche à avancer? Au lieu de contourner votre Goliath et de chercher un point faible dans son armure, armez-vous avec de meilleures armes d'information et d'implication dans une communauté. Sortez de la foule, battez Goliath, et réclamez votre victoire.

Cela nous rappelle l'histoire de Sir Edmund Hillary, l'homme qui a fait plusieurs tentatives infructueuses d'escalader le mont Everest avant de finalement réussir. Après encore une autre de ses tentatives avortées, il a assisté à une réunion avec ses partenaires et les gens qui le soutenaient pour déterminer s'ils devraient essayer de nouveau. Plusieurs pensaient que c'était sans espoir et pensaient aussi qu'il devrait abandonner. Enfin, Hillary s'éleva de la table, se dirigea vers le mur où une photo du mont Everest était accrochée et secoua son poing furieusement vers la photo en s'exclamant, « Mont Everest, je VAIS vous conquérir parce que vous ne pouvez pas devenir plus grand que vous ne l'êtes déjà, mais moi je continue de croître chaque jour. » De la même façon, votre propre Goliath ne deviendra pas plus grand non plus, mais vous, vous pouvez grandir. Vous allez le battre en devenant plus grand, plus solide et meilleur. N'oubliez pas : vos échecs passés n'ont pas le pouvoir de bloquer vos victoires futures, sauf si vous les laissez vous bloquer. Tout se résume à des choix. Au

lieu de créer une vie de regrets en évitant les défis nécessaires pour réaliser vos rêves, pourquoi ne pas créer une vie de rêve en évitant vos regrets? Comme Helen Keller a dit : « La vie est une audacieuse aventure ou ce n'est rien du tout. » Nous disons: **« La vie devrait être vécue avec une intention précise ou elle n'est pas vécue du tout. »**

Les visages bouffis

Les luttes et les obstacles sont des parties normale d'un rendement élevé. L'inertie, la paresse et la complaisance doivent être violemment battues vers l'arrière avec l'épée émoussée de la détermination. L'excellence ne vient seulement qu'avec un prix et parfois payer ce prix pourrait presque nous amener à nos genoux. Ce genre de propos n'est rien de nouveau pour des participants très performants. Ils savent les milles qu'ils ont voyagés et la résistance qu'ils ont dû surmonter. Ils comprennent que rien de grand ne peut être accompli sans une lutte héroïque, souvent une lutte longue et ardue, exigeant force et courage dans le quotidien tranquille, des moments invisibles qui séparent le meilleur du reste.

Beaucoup de gens, semble-t-il, ne sont pas prêts pour cela. Ils rêvent du grand prix, d'obtenir des étoiles dans les yeux à l'éclat de la réussite, mais s'enlisent le long du trajet. Non-initiés dans le corps du courageux, ils ne savent pas toujours comment réagir. C'est là que le symptôme du « visage bouffi » s'installe.

Vous l'avez peut-être vu ce visage bouffi. C'est une condition qui afflige certaines personnes lorsqu'ils réalisent que la grandeur leur exigera un prix. Leurs yeux ne s'allument pas tout à fait comme avant. Leur démarche n'est plus rapide ni légère. Leur sourire est forcé et en bois. Par contre, c'est surtout leur visage qui semble bouffi avec un doute, centrez sur eux, comme si toute l'injustice du monde s'est rassemblée au sein de leurs joues et de leur menton.

« C'est difficile », leurs lards de gorge semblent dire « Je ne suis pas certain que cela en vaut la peine » ou « l'herbe est plus verte ailleurs, sûrement, » ou, « si Dieu avait voulu que je réussisse dans cette tâche, il l'aurait rendu plus facile! » ou « le succès ne peut pas être si difficile pour tout le monde, quelque chose est injustement empilé contre moi! » Et, bien sûr, à chaque passage d'excuse, le visage enfle davantage.

Le visage bouffi est la maladie d'un lâcheur. Évitez-le à tout prix. Il est très difficile de réduire l'enflure et de retrouver le visage déterminé d'un guerrier, mais cela peut être fait. Un retour à l'héroïque nécessitera plusieurs antidotes, y compris de se renouer avec nos objectifs, rafraîchissant son rêve et comptant ses bénédictions. Le défi semble être qu'une fois une victime est affligée du visage bouffi, il n'est pas disposé ou ne veut pas prendre ces recours. Malheureusement, la plupart des visages bouffis disparaissent simplement dans l'oubli et ils blâment les autres. Ils ne réussiront jamais à atteindre quoi que ce soit d'important, en prenant leurs limites personnelles et les échecs avec eux dans leur prochaine tentative qui, inévitablement, aboutira avec un épisode d'un autre visage bouffi après quoi le cycle recommence!

Il vaudrait beaucoup mieux de trouver le courage de combattre le visage bouffi et de pousser au-delà des moments difficiles. Le podium de la victoire en vaut la peine et bien sûr, il n'y a pas de visages bouffis là!

> *Il vaudrait beaucoup mieux de trouver le courage de combattre le visage bouffi et de pousser au-delà des moments difficiles.*

"L'expérience n'est pas ce qui vous arrive, mais ce qu'il vous arrive de faire avec ce qui vous arrive."

"Le critique déteste le plus ce qu'il avait trop peur de faire lui-même."

« Souvent dans la vie, ceux qui corrigent le plus ont le plus souvent besoin de corrections »

❝Les gens sont pareils de différentes façons et ils sont différents de façons pareilles.❞

❝Perdre est parfois bon, il vous permet de mieux apprécier la victoire.❞

❝Les leaders sont des donneurs et des preneurs : ils donnent de mérites, ils prennent la responsabilité et le blâme..❞

Ne vous plaignez jamais de ce que vous avez permis d'être. »

« Les excuses sont utilisées pour justifier quittant les lieux de la vérité sans changer. »

« Éviter l'auto-illusion est une question d'intégrité et non de confort. »

« Apportez toujours votre salière; le temps arrivera certainement que vous devrez ravaler votre fierté. »

« Je préférerais affronter mes peurs plutôt que de perdre, mais la plupart des personnes préfèrent perdre plutôt que d'affronter leurs peurs. »

« Les leaders savent que le fruit de la vie est de prendre le risque d'aller au bout de la branche. »

« Les gagnants font de chaque échec, un plancher sur lequel ils peuvent s'appuyer pour se propulser. Les non-gagnants font de chaque échec, un plafond pour se propulser vers le bas. »

« La plupart des personnes se résignent dans la vie sans aucune satisfaction. Les gagnants sont satisfaits, sans jamais se résigner. »

« Le leadership est un art qui vient du cœur. »

« Écouter est un sport d'action pour les leaders. »

29

L'auto-illusion et les résultats en leadership

Les résultats dans la vie sont inversement proportionnels au niveau de l'auto-illusion. Je sais que cette affirmation peut paraître sévère, mais presque rien ne m'étonne plus que les niveaux de l'auto-illusion que les gens obtiennent. Dans un souci de protéger leur ego fragile, les personnes potentiellement capables de succès préféreraient détruire leurs résultats afin de ne pas confronter les faits. Si les choses vont mal, la première étape est de confronter les faits. La plupart des gens lorsqu'ils lisent ceci sont prompt à dire : « Oui, j'ai confronté la réalité et c'est la faute de tout le monde et non la mienne ». Le seul problème avec cette réponse est que si tout le monde est à blâmer, comment pouvez-vous changer pour devenir meilleur? Oui, de mauvais coéquipiers peuvent vous blesser, mais ils ne peuvent pas vous arrêter puisque vous pouvez choisir de quitter votre voyage en leadership. Passons en revue quelques points clés pour empêcher l'auto-illusion.

TOUT D'ABORD, REGARDEZ TOURJOURS LES DONNEES

Si les données ne sont pas disponibles, vous devez concevoir un mécanisme de présentation de rapports pour obtenir les données. Tous les plans pour réussir doivent avoir un tableau d'évaluation. Comment marquez-vous les points? Comment savez-vous si vous êtes en train de gagner ou de perdre si personne comptabilise les points? Je sais que cela paraît élémentaire, mais toutes les fois où j'ai étudié des questions en affaires pour découvrir que le prétendu leader ne gardait aucun compte est énorme! Pouvez-vous imaginer un match de football où il n'y avait pas de tableau de résultats? Chaque équipe pourrait dire qu'ils étaient les meilleurs et demanderaient les augmentations salariales ainsi que des primes à la signature, s'il n'y avait pas un tableau de résultats pour les arrêter dans leur pensée trompeuse. J'aime l'énoncé : « À Dieu, nous mettons notre confiance; tous les autres doivent disposer de données. » Vous dites être un grand leader? Appuyez-le par vos résultats. Si vous n'avez pas de résultats, alors vous êtes le roi proverbial sans vêtement, souffrant de l'auto-illusion.

Deuxièmement, peu importe à quel point les faits sont affreux, , il y a toujours le potentiel d'un revirement tant que vous n'avez pas blâmé les autres et/ ou trompé vous-même. Je n'ai jamais vu une situation désespérée, mais j'ai vu de nombreux leaders désespérés dans une situation. Je crois que l'un des attributs les plus forts de tout leader est son optimisme indéfectible de surmonter n'importe qui se présentant contre lui. En confrontant avec précision les données, vous serez forcé à mettre le blâme sur vous-même et à établir des plans d'action pour obtenir de meilleurs résultats. Seules les personnes qui évaluent les faits comme ils le sont réellement et élaborent des plans pour s'améliorer atteindront leur potentiel pour l'excellence et auront des disciples. La déception de soi est une annulation immédiate du processus de croissance et doit être évitée à tout prix. **Toute personne qui prétend être un leader doit être jugée par son tableau de résultats et non par son auto-proclamation.**

Troisièmement, choisir d'être un producteur et non pas un exploiteur. J'aime le dicton du Texas: « Grand chapeau et pas de bétail. » Quelle que soit la taille du chapeau dont vous portez, si vous n'avez pas de bétail, vous n'avez pas de résultats. L'ère d'Internet a permis à des gens avec peu ou pas de résultats à faire de beaux sites web, des vidéos passionnantes et à resauter avec certains grands noms, mais rien de tout cela détermine la qualité de l'individu, de son leadership. Le leadership est une fonction de qui vous êtes et de ce que vous faites, pas de ce que vous portez, quel grand nom vous laissez tomber ou à quel point votre site internet est beau. Il n'y a que deux façons de produire des résultats dans la vie : d'abord, par la production et deuxièmement, par l'exploitation. Les producteurs vont dans le monde et servent les gens afin de les aider à produire des résultats pour eux-mêmes et pour les autres. Les exploiteurs ne peuvent pas produire des résultats alors ils affluent très rapidement vers les producteurs afin d'exploiter une partie de leurs récoltes. Les producteurs et les exploitants sont de toutes formes et tailles et ce dans différents domaines. Les producteurs rament le bateau pendant que les exploiteurs sont là pour la balade.

Les producteurs et les exploitants sont en constante bataille depuis le début des temps. Les producteurs tentent d'instaurer des tableaux de résultats pour évaluer le rendement véritable, tandis que les exploiteurs se trompent eux-mêmes en affluant vers des travaux sans tableaux de résultats ou éliminent même le tableau de résultats! Si l'Amérique va faire un retour à la grandeur, nous devons mettre fin au règne de l'auto-illusion et ramener la véritable concurrence en gardant un tableau de résultats, peu importe si cette manière de penser n'est pas correcte sur le plan politique aujourd'hui. La Chine, l'Inde, le Japon et le reste du monde s'en fichent de notre amour-propre et nous détruirons en affaires si nous ne leur faisons pas concurrence. Au début de toute concurrence, il importe de compter les points et j'aimerais fortement encourager toutes les entreprises de commencer à compter les points et à évaluer leurs résultats. N'employez pas des mots; ne vous trompez pas avec vos pensées, montrez vos résultats sur le tableau des résultats.

Précipitez-vous directement dedans

Vous n'avez pas mille ans
À devenir qui vous devez être.
Vous avez seulement un moment
    dans le temps
Une quantité éphémère inconnue.
Buvez profondément de la tasse
De vie qui vous a été remise
Goûtez tout ce qui est doux
Et endurez ce qui est amer
En vous rappelant de l'objectif
Pour laquelle vous êtes né.
Ne dilapidez pas vos jours
Ni vos dons
Au lieu, armez-les et
Envoyez-les au combat
Pour donner vie
À ses désirs calmes, cachés,
mais vrai de votre cœur.
Ne vous éloignez jamais du feu
Comme les lâches qui conspirent
Mais précipitez-vous directement
    dedans
Selon le désir de votre cœur.

« Les gagnants détestent perdre plus
que changer tandis que d'autres
détestent changer plus que perdre. »

« L'histoire peut nous apprendre
tellement et pourtant il semble que
nous apprenons si peu. »

LES "RASCALS" SONT DES AMÉRICAINS RAISONNABLES QUI CHERCHENT DES RÉPONSES CONSTITUTIONNELLES ET UN ÉTAT LIMITÉ.

C'EST PEUT-ÊTRE ÉVIDENT, MAIS POUR MENER, L'ON DOIT ALLER QUELQUE PART.

« Chaque leader a le courage de prendre des décisions. Aucune décision n'est habituellement la pire. »

« Voyez-vous un problème dans chaque occasion ou une occasion dans chaque problème? »

L'EFFET D'ONDULATION DÉMONTRE QU'UNE PERSONNE PEUT FAIRE LA DIFFÉRENCE.

AU FIL DU TEMPS, L'HONNÊTETÉ ET LA JUSTICE PRODUISENT LEUR PROPRE IMPULSION.

« J'ai arrêté de payer le prix du succès et j'ai commencé à apprécier le prix du succès.

"POLITIQUEMENT CORRECTE" EST SOUVENT "TECHNIQUEMENT INCORRECT."

« Tout le monde commence la vie avec un feu dans leur âme, mais malheureusement, la plupart sont étouffés par les tempêtes de la vie. »

LES VRAIS LEADERS S'APPUIENT SUR DES PRINCIPES ET NON PAS SUR DES PLATES-FORMES ET DES PLATITUDES.

TOUT A ÉTÉ FAIT, MAIS TOUT N'A PAS ÉTÉ APPRIS. C'EST SÛR.

NOUS ALLONS DANS LA DIRECTION DE NOS PENSÉES LES PLUS DOMINANTES.

« La mort est une tragédie seulement quand la raison d'être dans la vie est laissée non réalisée. »

LE GOUVERNEMENT GRIGNOTE SUR LA COMPASSION DE SON PEUPLE.

DIRE "AUSSITÔT QUE" C'EST COMME DIRE "JAMAIS."

« Chaque expérience de vie inconfortable vous donne un choix de grandir aigri ou meilleur. »

33

Victime ou vainqueur

Il y a un métier qui connaît une croissance importante. Il a de faibles exigences d'entrées et ils peuvent être obtenus littéralement par n'importe qui. Des hordes se précipitent dans cette direction avec leurs nez très affinés à l'odeur d'un bon filon. Le poste? Celui d'une « victime »

Jouer le rôle d'une victime devient le sport national de l'Amérique. Comment pourrait-il en être autrement quand elle permet un mariage tellement parfait entre l'État d'une part et les victimes de l'autre? Avec un gouvernement pleinement investit à ajouter à la haine des groupes de victimes afin de leur permettre plus de pouvoir, institutionnaliser le statut de victime est donc bien établi. La proposition est également avantageuse pour les particuliers, parce qu'une fois le statut de victime revendiqué, une personne est dégagée de toute responsabilité personnelle, car la victimisation confère un droit : de blâmer les autres pour justifier les mauvais comportements et d'échapper aux conséquences de ses actes.

Il y a un autre métier avec de nombreux postes disponibles immédiatement. Il y a très peu de concurrence pour tenir ces postes et de nouveau, n'importe qui peut poser sa candidature. Le poste? Celui de « vainqueur. »

Devenir victorieux après une puissante lutte dans la poursuite de buts louables a une longue et glorieuse histoire. L'importance, la contribution, le service, l'amour et la réussite sont les récompenses. Quoique beaucoup offriront un hochement de tête silencieux dans la direction de ce métier, peu le poursuive. Avec la victimisation qui est si rentable, à quoi bon? D'autres languissent entre les deux, d'autres sont gelés entre les deux pôles et d'autres perdent leur temps dans l'obscurité de la complaisance. Par contre, il y a de merveilleux vainqueurs qui choisissent la responsabilité personnelle et maximisent leurs dons en quittant le troupeau pour poursuivre l'excellence. Ce sont eux qui réchauffent le reste d'entre nous à nos propres aspirations. Que nous soyons toujours reconnaissants pour les vainqueurs et leurs exemples.

NOUS AVONS TOUS LA CHANCE DE CHOISIR À TOUS LES JOURS.

Nous pouvons choisir sagement et faire partie du groupe de solutions des vainqueurs au lieu du groupe de problèmes des victimes.

« Le succès ne va jamais en vente, mais plusieurs passent toute leur vie marchandant le prix, en n'effectuant jamais l'achat. »

« Les leaders plongent dans leur entreprise pour apprendre les réalités douloureuses plutôt que l'illusion pacifique. »

« Peu de choses nous procurent une bonne sensation que d'y donner votre maximum à quelque chose qui en vaut la peine. »

« Il y a beaucoup de choses que je ne sais pas que j'aimerais savoir, mais il y a beaucoup de choses que je ne sais que je souhaiterais ne pas savoir.. »

« Beaucoup perdent en ne partant jamais. Un travail bien commencé est à moitié fait. »

« Vous ne réaliserez jamais le succès à l'extérieur jusqu'à ce que vous pouvez le voir clairement à l'intérieur. Le succès est à l'envers. »

« Le succès se produit à l'intersection des occasions, de la préparation et du travail acharné. »

« Assurez-vous d'être là pour votre propre vie. »

Cette maîtresse étincelante

Ah, l'art, cette maîtresse étincelante
Elle me fait des clins d'œil par le biais des arches en briques,
De colonnes de marbre et de frontons de pierres,
Des fresques, des sculptures, des couleurs et des formes,
Laborieusement extraits de génie,
Les forces s'opposent à la complaisance
Mollement tenté de retarder ou de ne rien faire.
Quelle inertie a dû être conquise
Afin que vous puissiez avoir la vie.
Quel soin affectueux a dû être rassemblé
Afin que vous puissiez survivre pendant longtemps
À sentir mon regard dans un âge que peu de gens remarquent
Ni à peine comprennent ce que vous représentez.
Le poids des années passées
Un laps de temps au-delà de notre compréhension facile
Est percé par les dépouilles de ces héros
Assez courageux pour libérer leurs talents
Pour au moins une saison de victoire
Sur leurs natures humaines fragiles
Conduit à retarder ou à dilapider
L'envie à donner forme aux talents.
Tellement de choses conçues et jamais débutées
Combien plus initié et pourtant mort-né,
Mais oh, de ce qui a survécu!
De ce fait par l'entremise du passage dangereux
Entre la conception et l'achèvement
Surpassant toutes attentes contre la réalisation
Filant de la faiblesse de l'artisan
Dans l'éclat du soleil
De notre appréciation des derniers jours.
Un rappel glacial à nous tous
De tout ce qui peut encore rester
Comme la figure à l'intérieur de Buonarroti
Attendant d'être libéré du bloc de marbre.
Et ils me demandent pourquoi je voyage en Italie.

« "Mais" est le mot utilisé avant que vous ne rationalisiez pourquoi la situation n'est pas de votre faute, ni votre responsabilité. »

« Tout le monde accepte les problèmes de la vie, mais il faut se rappeler que l'objectif est de les résoudre pour en avoir des nouveaux. »

Les leaders doivent se rappeler qu'ils deviennent mieux équipés pendant leurs expériences de désert.

Peut-être que nous devrions être aussi méfiants des fonctionnaires que nous le sommes des toilettes publiques.

« Les leaders choisissent toujours le bien difficile plutôt que le mauvais facile. »

« Un cœur aigri n'est jamais reconnaissant et un cœur reconnaissant n'est jamais aigri. »

Si un idiot qui a de l'argent ne le garde pas longtemps, comment se sont-ils réunis en premier lieu?

« La discipline est un fait; le choix est de l'appliquer intérieurement ou extérieurement. »

« L'habileté de se concentrer est la clé de la séparation entre ceux qui se déplacent vers l'avant et ceux qui restent en arrière. »

L'air chaud a servi pour une raison : il a développé la vapeur dans le train de marchandises de la rectitude politique et la police de la pensée.

Malheur au "Rascal" qui se prononce contre "la sagesse conventionnelle"

Des questions complexes sont démantelées par de simples principes.

Le truc avec le succès est de vous convaincre que vous en êtes digne.

Les excellents leaders sont durs envers eux-mêmes et indulgents envers les autres.

« Il y a plusieurs raccourcis pour l'échec, mais il n'y a pas de raccourci pour le vrai succès. »

« Le succès est de l'autre côté de votre zone de confort. »

Dites-moi si quelque chose n'a jamais été fait

Au début, cela paraît bizarre que Leonardo da Vinci soit tellement vénéré aujourd'hui. Aucune de ses œuvres sculptées n'a survécu et seulement environ un total de quinze de ses peintures sont connues. Bien qu'il ait beaucoup écrit au sujet de l'architecture, aucun bâtiment nulle part n'est crédité à son nom. Les scientistes dépassionnées ont longtemps débattu l'originalité de ses nombreuses inventions trouvées seulement dans son carnet à croquis — il existe peu de preuves qu'il n'ait jamais vraiment construites ou testées aucune de ces idées.

Toutefois, Leonardo est proclamé comme un génie universel, l'idéal de la Renaissance dans laquelle les artistes n'ont pas été seulement compétents, mais devaient être maître dans de nombreux domaines. Il est enveloppé de mystères et de mythes, des films et des livres étant écrits au sujet de son merveilleux code secret, ses messages espiègles et son écriture secrète (qui était en fait juste écrit à l'envers).

Toutefois, comme avec la plupart des héros post-modernes, un examen plus minutieux révèle un homme plus petit. Bien qu'incontestablement prodigieusement talentueux, Leonardo souffrit de ce que l'historien de l'art Ken Clark a appelé sa « lenteur constitutionnelle. » Le pape Léon X a dit : « Hélas! Cet homme ne fera jamais rien! » Leonardo souvent, acceptait des commissions pour des œuvres qu'il n'a jamais finies, dans de nombreux cas, des œuvres qu'il n'a même jamais commencées. Des tableaux que nous connaissons, comme la Joconde, il y a travaillé sporadiquement pendant des années, la plupart des experts s'entendent que l'art lui-même montre les faiblesses d'une telle méthodologie nonchalante. Les auteurs d'Epiro et de Pinkowish l'ont peut-être mieux demandé : « Pourquoi l'homme qui était sans doute le plus grand peintre qui a jamais vécu a-t-il dissipé ses énergies, souvent assez imprudemment, en beaucoup d'autres domaines? »

Adressons en premier, sa popularité dans les médias actuels : dans notre temps post-moderne, nous cherchons toute source de crédibilité contre Dieu et la vérité ultime, Leonardo est un vrai enfant modèle pour les impies, possédant de nombreux talents et, enveloppé de mystères suffisants pour spéculer sur d'autres vérités. En bref, avoir une vision du monde qui dédaigne la réussite et la valeur (ce que l'on accomplit et gagne) et se concentrer plutôt sur le poste, le pouvoir et le prestige (qui nous sommes et qui nous connaissons), les héros sont faits de ceux qui semblent réussir malgré les règles de l'effort, de la contribution et des gains. Leonardo n'avait pas à accomplir beaucoup (proportionnellement à son talent

gargantuesque,) afin d'être vénéré par ceux qui ne veulent pas vraiment accomplir beaucoup eux-mêmes. En plus, son athéisme est considéré comme un réconfort, comme s'il disait : « Si le grand homme ne croyait pas, alors je peux me faire grand en étant un athée aussi. »

Par contre, tout cela est vraiment à côté de la question. Il n'est absolument pas question de nier le fait que Leonardo da Vinci était un homme extrêmement doué, l'un des géants de la Renaissance. La question qui porte le plus de sens pour ceux d'entre nous qui sont sur notre propre cheminement de vie de la réussite est « Pourquoi si peu de résultats? » Cela me rappelle la citation de Stephen King au sujet de l'auteur du livre *Autant en emporte le vent*: « Pourquoi n'a-t-elle jamais écrit un autre livre? »

LE SUCCÈS EST LE PRODUIT DE PLUSIEURS COMPOSANTES, DONT L'UNE DES PLUS IMPORTANTES EST DE SE CONCENTRER.

Nous pouvons faire beaucoup de choses dans notre vie, mais nous ne pouvons pas tout faire. Nous pouvons avoir de vastes intérêts et dans une certaine mesure c'est bon et sain, mais nous ne devrions pas dissiper notre vrai puits de talents dans de trop nombreuses initiatives. Si le génie comme celui de Leonardo est gaspillé par une très grande ligne, alors, qu'arrive-t-il à ceux d'entre nous qui ont moins de talents? Comme Leonardo a écrit lui-même : « Comme un royaume divisé contre lui-même ne peut pas subsister, alors chaque esprit divisé entre différentes études est confus et affaibli. »

Je voudrais dire que moins nous sommes doués, plus nous devons être concentrés. Même les moins doués peuvent accomplir des réalisations grandioses en s'appliquant férocement, constamment et avec suffisamment d'efforts au fil du temps. En fait, il semble que souvent, les plus grandes réalisations vont à ceux qui, en fait, ne sont pas tellement talentueux, mais qui conservent seulement cette dernière parcelle de talent : l'habileté de se concentrer intensément et à long terme.

> Même les moins doués peuvent accomplir des réalisations grandioses en s'appliquant férocement, constamment et avec suffisamment d'efforts au fil du temps

Malheureusement, nous ne saurons jamais quelles merveilles des chefs-d'œuvre Leonardo auraient pu être produites pour la jouissance du monde. Il a passé trop de temps ailleurs, sur d'autres domaines que ses dons. Alors que dans de nombreux cas, il était encore mieux dans ces domaines que la majorité d'entre nous, la perte fait encore mal. Nous demeurons sur notre faim, nous aimerions en avoir plus, mais le temps nous répond sans-cœur : « trop tard ». Ceci nous amène aux plus tristes considérations de gaspillage de dons de vie : qu'est-ce qui aurait pu être fait?

Ne gaspillez pas ce qui vous a été donné, peu importe dans quelle mesure; cherchez plutôt à les dompter, les développer, les aiguiser et concentrez-vous sur ces talents; portez-y attention sur une base quotidienne et laissez le monde voir ce qui vous a été donné. C'est notre devoir de retourner le don de nos talents totalement dépensé et appauvri dignement utilisé. Ou, sinon, une personne peut rejoindre le grand Leonardo da Vinci lui-même, qui a écrit vers la fin de sa vie : « Di mi se mai fu fatta alcuna CSR. » (« Dites-moi si quelque chose a été fait. »)

« Votre passé ne peut pas vous empêcher d'avoir un grand avenir, mais une mauvaise interprétation de votre passé peut être fatale à votre avenir. »

« Les personnes vous suivront la journée que vous bâtissez le caractère de mener à bien ce que vous entreprenez. »

L'ASTUCE AVEC LA VIE EST D'ENDURER LES INJUSTICES SANS PERDRE VOTRE BONNE HUMEUR.

LORSQU'IL S'AGIT DE TRAVAILLER AVEC LES GENS, ESSAYEZ TOUJOURS DE VOTRE MIEUX.

« Vos pensées dominantes passées ont créé votre aujourd'hui. Vos pensées dominantes aujourd'hui créeront votre avenir. »

« Vous pouvez voir la grandeur d'une personne par la manière dont elle traite les personnes qui ne peuvent pas l'aider. »

« Vous devez être prêt à renoncer à ce que vous êtes pour devenir ce que vous voulez être. »

« Il est plus facile d'enseigner à une personne affamée comment avoir un esprit vif que d'enseigner une personne vive d'esprit comment être affamée. »

❝L'encouragement est la graisse dans les roues d'une équipe.❞

❝L'homme commun poursuit des distractions communes et récolte les effets secondaires. L'homme non commun poursuit des aspirations et récolte les fruits.❞

« Vous ne pouvez pas vous attendre à ce que d'autres croient en vous jusqu'à ce que vous croyiez en vous. »

« Ce n'est pas une question de ce que vous êtes capable, c'est une question de ce que vous êtes enclin à endurer. »

❝Il est probablement contraire à la loi de voler, parce que le gouvernement déteste la compétition.❞

❝Les meilleurs leaders éprouvent des sentiments pour leurs gens autant qu'ils brûlent pour leur but.❞

« Les champions font syst matiquement ce que d'autres font sporadiquement. »

« Si vous acceptez les excuses des autres, c'est habituellement parce que vous avez accept vos propres excuses. »

LA PLUPART DES PERSONNES NE SAVENT PAS VRAIMENT CE QU'ELLES VEULENT JUSQU'À CE QU'ELLES VOIENT QUELQU'UN D'AUTRE QUI L'A.

C'EST DIFFICILE DE CONDAMNER LE COMPORTEMENT DES AUTRES QUAND VOUS ÊTES RÉALISTE AU SUJET DE VOS PROPRES PÉCHÉS.

« La victoire exige d'entrer en vous pour cette vitesse suppl mentaire pour acc l rer les d fis. »

« Ceux qui rament dans le bateau n'ont pas le temps de le balancer tandis que ceux qui le balancent n'ont pas le temps de ramer. »

LES GENS SE CACHENT DE LEUR DESTINÉE DANS TOUTE SORTE DE DISTRACTIONS.

SI VOUS REMETTEZ LES CHOSES IMPORTANTES ASSEZ LONGTEMPS, ELLES FINIRONT PAR VOUS LAISSER SANS PLUS DE CHANCES.

NOUS NE SAVONS PAS CE QUE NOUS NE SAVONS PAS.

Le plus grand ennemi d'un leader

Les grands leaders sont les premiers à admettre qu'ils ne savent pas toutes les réponses. Vous avez peut-être entendu dire que nous ne savons pas ce que nous ne savons pas. Aussi, nous avons oublié beaucoup de ce que nous connaissions. Toutefois, ce qui est pire, c'est le fait que nous connaissons beaucoup de chose qui n'est pas juste.

Méfiez-vous de ceux qui pensent qu'ils ont un verrou sur la vérité, qui poussent leurs horaires sur les autres avec du dédain arrogant et qui sont aveugles à leurs propres échecs. Les plus grands leaders ne commettent pas ces erreurs. Ils savent qu'ils ne connaissent pas toutes les réponses et c'est en partie ce qui leur donne tellement la faim ou la soif d'en apprendre plus. Où la plupart des gens donnent des platitudes, les grands leaders donnent leur propre exemple.

L'assaisonnement et l'expérience sont les clés ici, car les jeunes ont tendance à être enveloppés dans la confiance non éprouvée. Cependant, l'âge peut apporter le cynisme et l'abandon. D'une certaine manière, les meilleurs leaders naviguent entre les deux et procèdent en toute confiance, mais humblement. La ligne est en effet mince.

Donc, menez bravement. Allez courageusement vers de nouveaux territoires. Assurez-vous justement que vous contrôlez le disciple le plus rebelle : vous-même.

> *Où la plupart des gens donnent des platitudes, les grands leaders donnent leur propre exemple.*

Tout le monde gère des problèmes dans la vie, mais n'oubliez pas : l'objectif est de les résoudre et d'en obtenir de nouveaux.

Je connais quelque chose à votre sujet. C'est vrai. Ce n'est pas un secret, alors autant l'avouer tout de suite : vous avez des problèmes. La bonne nouvelle, si nous pouvons l'appeler ainsi, est que vous n'êtes pas seul, que tout le monde passe par des périodes de lutte. En fait, si vous respirez, vous avez des problèmes. Peut-être est-il temps d'aller au-delà du problème et de commencer à chercher des solutions, en apprenant afin d'aller vers la prochaine tâche. Ma (Orrin) femme, Laurie, a une belle déclaration qu'elle aime partager : « La leçon continue jusqu'à ce que la leçon soit apprise. » La vie n'est pas censée être vécue en restant sur la leçon numéro un, en ayant peur que la vie soit trop difficile, en se cachant pour éviter les problèmes; c'est censé être une grande aventure impliquant de rêver, de lutter et d'avoir des victoires tout au long du chemin. Plus vite que l'on résout la leçon actuelle, le plus tôt que l'on progresse vers de nouveaux sommets, obtenant plus de résultats avec chaque numéro de leçon progressivement plus élevée. De toute façon, si vous avez des problèmes, ma suggestion est de rendre la vie intéressante en trouvant une résolution à quelques-uns de vos problèmes, à en acquérir de nouveaux, à en réglant d'autres et, graduellement et éventuellement produire des résultats dont vous pouvez être fier. Le secret du succès réside dans vos habitudes quotidiennes. Les champions résolvent des problèmes quotidiennement, produisant de l'aventure et des résultats qui durent toute une vie. Qu'attendez-vous? Identifiez la question qui doit être traitée et commencez à la résoudre aujourd'hui.

Les champions résolvent des problèmes quotidiennement, produisant de l'aventure et des résultats qui durent toute une vie.

«POSEZ LES BONNES QUESTIONS, MAIS SOYEZ PRUDENT À QUI VOUS LAISSEZ VOUS FOURNIR LES RÉPONSES.»

«DES FONDATEURS AMÉRICAINS VOULAIENT DIVISER ET LIMITER LE POUVOIR DE SERVIR LE PEUPLE; LES POLITICIENS D'AUJOURD'HUI VEULENT LE POUVOIR DE LES SERVIR EN DIVISANT LE PEUPLE.»

« Vos mots ont le pouvoir de vie ou de mort. Choisissez-les sagement. »

« Ce que disent les gens sur ce qui est bon ou mauvais n'est pas aussi important que ce que vous tes. »

«LE CYNISME EST DE S'ATTENDRE AU PIRE AVEC UNE MAUVAISE ATTITUDE.»

«LA POLITIQUE EST L'ART DE BIEN DIRE CE QUI PEUT OU NE PEUT PAS ÊTRE VRAI.»

« Une personne qui ne peut pas g rer des checs ne pourra jamais g rer des victoires. »

« Les suiveurs ont besoin d'aide; les leaders ont besoin d'exemples. »

❝LE SUCCÈS VIENT DU VOULOIR ET NON DES COMPÉTENCES.❞

❝LES FINS DE LA LIBERTÉ NE SONT PAS (OU NE DEVRAIENT PAS ÊTRE) DES FINS ÉGOÏSTES.❞

Comment font les autres?

Cela a brusquement arrêté dans mon élan lorsque je (Chris) l'ai lu. En conséquence, j'ai déposé le livre et je ne pouvais pas y revenir pendant des jours. Quand j'ai finalement repris le livre, j'étais encore abasourdi par la révélation de mon insuffisance.

Qu'est-ce qui a frappé comme un éclair d'illumination dans mon esprit aveugle? La déclaration qui dit que « pour déterminer à quel point vous progressez comme un leader, jetez un coup d'œil comment réussissent les gens que vous menez. »

Aïe.

Jusqu'à ce moment-là, j'avais pensé que j'avais été un leader quand en réalité je ne fonctionnais qu'au niveau inférieur d'« artiste-interprète. » C'était toute une question de "moi", mes objectifs, mon rendement, ma motivation et mes réalisations. J'ai pensé que si je me poussais assez fort, que j'apprenais assez et que j'essayais assez, je serais un bon leader. Malheureusement, ce n'est pas la manière dont ça fonctionne.

Comme nous l'avons écrit dans *Lancer une révolution en leadership,* mener exige bien plus que cela. Le leadership est l'art d'influencer d'autres personnes à atteindre de hautes performances. C'est le pouvoir d'un artiste de faciliter et d'améliorer le rendement des autres. Et c'est là la clé : les AUTRES.

Vous voulez être un leader?

Vous souhaitez augmenter votre influence?

Vous voulez amener votre rendement au prochain niveau?

Concentrez-vous sur les AUTRES. Décidez ici et maintenant que votre vie ne sera pas une question de vous, mais des autres. Découvrez comment ajouter plus de valeur à plus de gens avec tout ce que vous faites. Comme Zig Ziglar déclara : « Aidez suffisamment les autres personnes à obtenir ce qu'ils veulent et vous aurez tout ce que vous voulez. » Cette déclaration, je crois, est littérale et figurée. Je CROIS vraiment qu'en aidant les autres à atteindre le succès, cela retournera sur nous et aidera celui qui aide. Toutefois, le sens le plus profond et figuré est qu'en aidant les autres à obtenir ce qu'ils veulent vous recevrez beaucoup plus. Vous recevrez leurs remerciements et leurs gratitudes, leurs adulations et leurs respects, leur amitié et leur loyauté, leur réconfort et leur présence. Simplement, en étant l'« éleveur » des autres vous êtes vous-même soulevés.

Alors, faites que votre travail et votre vie soient à propos des autres.

Comment ils réussissent est la mesure pour déterminer comment vous progressez.

> *Aidez suffisamment les autres personnes à obtenir ce qu'ils veulent et vous aurez tout ce que vous voulez..*
> – Zig Ziglar

« Les gens ne changeront pas d'id e, mais ils prendront de nouvelles d cisions selon de nouvelles informations. »

« Le succ s, pour la plupart des personnes, exige qu'elles d sapprennent autant qu'elles apprennent. »

Le meilleur moment de planter un arbre est il y a 20 ans. Le 2e meilleur moment est maintenant. C'est vrai pour les finances aussi.

Lorsqu'il s'agit de la nourriture, l'empressement engendre l'engraissement.

« La croyance est la cl magique qui d verrouille vos r ves. »

« La plupart des personnes vivent avec des illusions agr ables, mais des leaders doivent adresser la dure r alit . »

Il est très difficile d'amener un avocat à dire la même chose deux fois qu'd'amener deux avocats dire la même chose une fois.

L'argent devrait être notre esclave, et non notre maître.

« Vous ne pouvez pas demander votre quipe de s´lever au-dessus de votre exemple. »

« Si votre seule qualit , c'est de convaincre les autres que vous tes bon, donc faire des affaires avec vous est une mauvaise exp rience. »

"Le désordre est une maladie dangereuse qui soit encombre nos actions (l'agitation) ou solidifie nos hésitations (la paresse)."

"Un des mots les plus importants dans la langue française à bien définir est "succès"."

Une sentinelle dans

« Les gagnants voient le rêve et élaborent des plans alors que les autres voient les obstacles et énoncent des justifications. »

« Le seul endroit où la rémunération vient avant le service est dans le dictionnaire ou tout endroit que le gouvernement s'immisce. »

la brume

Ils avalent l'endoctrinement
Comme si c'était la vérité,
Et répondent avec ignorance,
Un porte-parole éloquent
Avec aucune pensée propre à lui.
Les étudiants par millier
Bafouillent leur credo
De vénérer la création
Tout en désavouant son auteur.
Perché au sommet des hypothèses ignorantes
Et accumulant plus sur ceux-ci
Jusqu'à ce que l'édifice s'étende absurdement
vers le haut
Un monument à l'envie de l'homme
À créer pour lui-même des théories absurdes
Déguisées comme des faits.
De ceux qui, continuellement, restent fermes
Et désigne l'absolu qui recule à jamais,
Ils lancent des insultes de noms et des
épithètes
Certains de leurs folles idolâtries
Exigent seulement l'adhésion passionnée
Comme preuve de validité.
Mais solitaire et inébranlable
Comme une sentinelle de pierre
dans la brume, La vérité demeure.

« Les leaders moyens relèvent la barre pour eux-mêmes; les bons leaders relèvent la barre pour les autres; les grands leaders inspirent les autres à relever leur propre barre. »

Un "Rascal" est un caractère original; celui qui ne peut pas être classé, minimisé, réduit au silence ou à l'esclavage.

Les gagnants jouent même s'ils sont blessés.

« Une piètre image de soi n'est généralement pas fondée sur des faits; c'est une mauvaise gérance de la mémoire. »

Les "Rascal" sont des rebelles avec une cause.

« Les doutes dans votre esprit sont de plus grands obstacles à votre succès que les obstacles en cours de route. »

Souriez et les gens vont penser que vous savez ce que vous faites. Froncez les sourcils et les gens vont penser que vous savez ce qu'ils font.

Si nous gardons ces deux "parties" à Washington, ils continueront à "fêter" à Washington.

Aucune concentration, aucune maîtrise.

« La vie est faite pour être vécue dans "la zone", et non dans les gradins. »

Il n'y a pas de sécurité dans une vie importante, et il n'y a pas d'importance dans une vie sûre.

"Encourager les gens libres à remarquer et à apprécier leur liberté, c'est comme parler au poisson au sujet de l'eau."

"Les rêves doivent être forts pour que les réalisations soient puissantes."

"Il ne faut que quelques secondes pour détruire le caractère qui a requis des années à être construit."

"La distraction a le pouvoir de faire dérailler la réalisation d'à peu près n'importe quoi."

« Les gestionnaires maintiennent un statu quo efficace tandis que les leaders attaquent le statu quo pour cr er quelque chose de nouveau. »

« Jusqu' ce que vous acceptiez la responsabilit de votre vie, quelqu'un d'autre la contr le. »

"De nombreux débuts vigoureux sombrent dans des fins négligées.."

"Sauf si vous êtes en formation pour devenir une victime, prenez les mauvaises choses qui vous arrivent comme un moyen que Dieu vous donne pour développer votre caractère."

« Sans courage, a n'a pas d'importance de savoir quel point les intentions du leader sont bonnes. »

« La passion/la faim de l' I ve fait ressortir l'exp rience/la sagesse du mentor. »

« Une personne avec un engagement accomplit plus que mille personnes avec une opinion. »

« La paralysie de l'analyse se produit lorsque vous r fl chissez trop et travaillez peu. »

"Une nation de moutons engendre un gouvernement de loups."

"Les problèmes sont le prix du succès."

« L'éducation est une mission à vie et elle prend fin en même temps que vous. »

« Trop de gens non productifs confondent l'humilité avec l'humiliation ».

RELEVER LA BARRE

Qu'est-ce qu'il y a au sujet du leadership? Il semble que plus nous en parlons, plus il est difficile à comprendre. C'est un sujet qui refuse d'être quantifié et qui échappe à nos définitions hermétiques, peu importe le nombre d'heures que nous passons sur le sujet. Par contre, nous savons tous quand le leadership est présent, et hélas, lorsqu'il ne l'est pas. Lorsqu'un leader bouge, l'équipe bouge, réalisant des records sans précédent, tout en créant des cultures qui produisent des résultats à long terme.

> **Lorsqu'un leader bouge, l'équipe bouge...**

Tenter de définir le leadership me rappelle l'histoire des hommes aveugles qui touchaient différentes parties de l'éléphant. Quand ils ont essayé de décrire ce qu'ils touchaient, ils ont décrit un résumé véridique à partir de leur propre perspective, mais certainement pas un compte rendu exact, car il manquait pour chacun d'énormes pièces de l'ensemble de la situation. Si nous prenons une des descriptions quelconques des hommes aveugles comme une réponse absolue, nous allons nous égarer et il nous manquera d'énormes parties de l'image.

Un leader moyen relève la barre pour lui-même en poussant au-delà de son ancienne limite. Une impulsion intérieure le pousse à s'améliorer, il n'accepte rien de moins que son record personnel, réalisant plus en croyant plus et battant ses records antérieurs. Puisque l'exemple est tellement important en matière de leadership, modeler les comportements adéquats pour les autres membres de l'équipe devient l'une des tâches clés du leader. Il n'accepte aucune excuse de lui-même ou des autres, essayant constamment d'améliorer le leadership. Un seul exemple permettra de déplacer une équipe vers l'avant, mais ne créera pas des organisations de championnat.

Un bon exemple qui confirme ce principe est le début de la carrière professionnelle de Michael Jordan. En se poussant lui-même à des niveaux fanatiques pour s'améliorer, se tenant responsable de maintenir les plus hautes normes, il a accompli son succès à de hauts niveaux, remportant plusieurs championnats de compteurs, mais malheureusement, pas de championnats d'équipe. La blague qu'on entendait autour de la ligue surnommée les Taureaux (Bulls) : « Michael Jordan et les Jordinaires ». Être l'un des meilleurs joueurs dans son domaine n'est pas suffisant; de bâtir une équipe gagnante demande plus de choses telles que la capacité d'influencer les autres, d'écouter leurs craintes, et de faire ressortir la grandeur qui est en eux. Éventuellement, Jordan est devenu un champion, non pas parce que ses compétences personnelles s'étaient améliorées, quoiqu'elles se soient améliorées, mais parce qu'il a appris à jouer en équipe sous l'influence de Phil Jackson. Jackson a enseigné à Jordan les leçons clés que tous les meilleurs joueurs doivent apprendre, principalement, d'être patient avec les faiblesses des autres, de faire preuve d'empathie avec leurs craintes sans sympathiser, tout en les inspirant constamment avec leurs rêves. Jordan a appris à mener sur le terrain, en incluant un peu plus l'équipe en partageant le ballon et, essentiellement, en jouant le rôle de l'instrument principal, mais pas le seul instrument, dans l'orchestre de basketball de cinq hommes des Bulls. Les Bulls de Chicago ont gagné six championnats de la NBA, un exploit phénoménal dans tous les sports, surtout l'exténuant jeu de basketball de la NBA.

Les leaders doivent aider à rehausser la barre des autres en s'attendant d'obtenir plus, en croyant plus, et en permettant aux autres d'en faire plus. N'oubliez pas, les individus grandissent, mais les équipes explosent. Les équipes gagnantes se forment lorsque tous les membres de l'équipe augmentent leurs compétences grâce à l'influence du leadership. Chaque fois que vous voyez une équipe grandissante, chaque fois que vous voyez une organisation percer, il est certain qu'un leader était au travail en relevant la barre pour lui-même et pour les autres

Le plus haut niveau de leadership, un niveau extrêmement rare, atteint par seulement quelques individus dans un domaine particulier, existe lorsque le leader inspire d'autres leaders à former, à leur tour, un plus grand nombre de leaders. Il est déjà assez difficile de se surpasser, il est encore plus difficile de se surpasser tout en menant les autres à relever leur jeu, mais des dynasties sont créées lorsque les leaders s'entourent d'autres leaders, relevant la barre de l'excellence dans l'ensemble de l'organisation. Le leadership au plus haut niveau exige toute une vie à servir les autres, abandonnant la reconnaissance, desservant inconditionnellement pendant des années, et croyant en des personnes lorsque les autres ont perdu espoir en elles. Le vrai leadership est donc moins ce que vous *faites* et plus ce que vous *êtes*. Les gens vous suivent parce qu'ils savent que vous êtes digne de confiance, parce que vous avez prouvé au fil des années que vous êtes la personne que vous prétendez être.

> *Les leaders se sacrifient volontier à court terme pour les résultats à long terme.*

LES LEADERS MOYENS RELÈVENT LA BARRE POUR EUX-MÊMES; LES BONS LEADERS RELÈVENT LA BARRE POUR LES AUTRES; LES GRANDS LEADERS INSPIRENT LES AUTRES À RELEVER LEUR PROPRE BARRE..

J'adore le vieux dicton qui dit : « Si vous cultivez des tomates, plantez pour une saison; si vous cultivez des chênes, plantez pour toute une vie ». Les grands leaders se privent de l'envie de contrôler les autres, se rendant compte que les leaders n'ont pas besoin d'être contrôlés. Au lieu de cela, les principaux leaders inspirent par leur personnalité intrigante et leur vision, de sorte que les autres leaders s'alignent pour réaliser ensemble la grandeur. Les dynasties sont créées lorsque des gens achètent la vision de l'équipe, qu'ils échangent leur égo personnel pour l'égo de l'équipe, qu'ils exigent l'excellence d'eux-mêmes, et interpellent les autres à élever leur propre barre. C'est le summum, le sommet du leadership, qui crée une vision à partir du haut de la montagne, une culture de l'excellence et la naissance d'une dynastie.

❝Nous sommes plus heureux en rendant les autres heureux.❞

❝Ceux avec une mauvaise discipline financière, ce n'est pas le manque d'argent qui est le problème, donc avoir plus d'argent n'est pas la solution.❞

« Tous les droits que nous appr cions correspondent au devoir de ne pas perturber avec le plaisir du m me droit par les autres. »

« Un leader est toujours le premier recevoir des critiques et le dernier recevoir des reconnaissances. »

❝L'INTERDÉPENDANCE EST L'INDÉPENDANCE À LA FORCE DU TRAVAIL D'ÉQUIPE.❞

❝LA VISION À LONG TERME EST LE POINT À L'HORIZON SUR LEQUEL IL FAUT VISER. LA GRATIFICATION DIFFÉRÉE EST LE RENONCEMENT EXIGÉ POUR Y ARRIVER.❞

« La seule chose que vous pouvez amener avec vous lorsque vous mourrez est ce que vous êtes. La personnalité compte plus que les possessions. »

❝SI VOUS N'ASSUMEZ PAS L'ENTIÈRE RESPONSABILITÉ POUR OÙ VOUS ÊTES, VOUS NE CROIREZ JAMAIS QUE VOUS AVEZ TOUTE LA FORCE POUR VOUS RENDRE OÙ VOUS VOULEZ ALLER.❞

« La plupart des gens surestiment les talents des autres et sous-estiment les leurs. »

❝LES ZONES DE CONFORT NE SONT PAS BIEN NOMMÉES; ELLES DEVRAIENT EN RÉALITÉ ÊTRE APPELÉE "LA ZONE FAMILIÈRE". ELLES NE SONT PEUT-ÊTRE PAS CONFORTABLE DU TOUT.❞

« Une personne qui ne reconnaît pas votre temps ne reconnaît pas vos conseils. »

❝LE MONDE POURRAIT CHANGER SI PLUS DE GENS SE CONCENTRAIENT À SE CHANGER EUX-MÊMES AU LIEU DU MONDE.❞

❝LES LEADERS DOIVENT NAVIGUER ENTRE LE CHANGEMENT IRRÉFLÉCHI ET L'AUTOSUFFISANCE SANS ENTRAIN.❞

❝LA VIE N'A PAS DE RETOUR EN ARRIÈRE OU DE REMISE À ZÉRO.❞

« Un leader doit être inspiré ou sinon son équipe expirera. »

« Ceux qui servent, méritent. »

LE SYNDROME DE LA CARENCE EN AMÉLIORATION

Il y a d'excellents livres sur la façon d'améliorer nos vies dans tous les domaines. Il y a de merveilleux séminaires organisés par certains des esprits les plus forts sur la façon de déterminer nos faiblesses et de grandir personnellement. Les mentors, les entraîneurs et les assistants qui encouragent les gens sur les voies de l'amélioration personnelle sont abondants. Par contre, bien que ces facilitateurs de changement positif soient nombreux, il y a une maladie, beaucoup trop commune, qui entrave tous les bons efforts vers une amélioration personnelle durable et c'est appelé : le syndrome de la carence en amélioration (SCA).

Le syndrome de la carence en amélioration e produit à la fois chez les hommes et les femmes, vieux et jeunes, à travers apparemment tous les secteurs démographiques et socio-économiques. Les symptômes du SCA apparaissent tôt chez certains et tardivement chez d'autres. Les symptômes du SCA incluent les suivants :

1. La résistance persévérante à une attitude positive
2. La capacité de lire des centaines de livres sur l'amélioration de soi et toujours ne pas s'améliorer
3. L'égoïsme inné qui se présente en se laissant souvent emporter
4. La colère et la jalousie et le fait « d'être offensé » fondé sur quelques comportements obscurs des autres personnes
5. Continuellement s'appuyer sur son sort et les excuses nécessaires pour le nourrir
6. Se trouver des excuses pour couvrir l'absence d'avancement
7. Continuellement se placer au centre de l'univers
8. L'habileté de voir n'importe quelle action égoïste comme justifiable et juste

Oui. Ces symptômes sont graves.

Consultez votre mentor immédiatement si vous ou une personne que vous connaissez possédez ces symptômes. Si vous réalisez que le fait d'être dans un environnement positif, de lire de bons livres, et de vous associer avec des gens édifiants n'a aucun effet sur votre attitude, votre cœur ou votre service envers les autres — recherchez de l'aide rapidement. Vous avez peut-être une maladie chronique du SCA.

Ne le prenez pas à la légère. Déjà, des centaines de milliers de personnes dans le monde ont été identifiées comme ayant des symptômes du SCA. Il a détruit des amitiés, a ruiné des mariages, et a gâché des carrières.

La partie la plus subtile dans l'identification de la présence du SCA

> Méfiez-vous des personnes atteintes du SCA. Ces gens sont parmi les plus trompeurs de notre espèce.

est que la personne atteinte, ayant lu tellement de bons livres et s'étant associée avec des gens positifs, sait comment il ou elle devrait se comporter. Cela conduit à un masquage efficace, comme la personne avec le SCA « simule » les bons comportements pour camoufler son manque de croissance au niveau du cœur. Les mauvaises attitudes sont cachées sous de faux sourires; la colère et la jalousie sont enveloppées dans une attitude positive artificielle; l'égoïsme et la pitié sont placés derrière une platitude de dictons positifs et une phrase d'une ligne codée.

Méfiez-vous des personnes atteintes du SCA. Ces gens sont parmi les plus trompeurs de notre espèce. Ils pensent qu'en faisant les bonnes choses qu'ils sont en train de devenir la bonne personne. Ils font l'erreur de penser que les bons gestes sont le développement, les actions sont les intentions, et le travail est le cœur. Ils pensent que dire et faire les bonnes choses sont tout ce qu'ils ont à faire, au lieu de penser, de sentir et de devenir la bonne personne. Bref, ils pensent qu'en *agissant* plus qu'ils sont effectivement *devenus* meilleurs.

Si vous rencontrez des personnes souffrant du SCA, priez pour eux immédiatement. Administrez l'amour et l'appui, mais soyez ferme en insistant sur le fait qu'ils cherchent à obtenir de l'aide. Bien que les graves effets ravageurs du SCA puissent expliquer leur comportement, ils ne peuvent jamais être justifiés. Envoyez-les voir leur mentor immédiatement, et appliquez de fortes doses de fermeté affectueuse et insistez sur un changement qui ne peut avoir lieu qu'en leur for intérieur, spirituellement, au niveau du cœur. C'est vraiment ce qui a été trouvé qui fonctionne.

> Si vous rencontrez des personnes souffrant du SCA, priez pour eux immédiatement.

« Si vous n'êtes pas fidèle au peu, vous ne serez pas béni avec beaucoup. »

« Le problème avec l'incompétence est son incapacité de se reconnaître. »

"LA VIE EST TROP COURTE POUR APPRENDRE LA MÊME LEÇON ENCORE ET ENCORE."

"SI VOUS VOUS BATTEZ POUR QUELQUE CHOSE QUI EST IMPORTANT, LES OBSTACLES NE LE FONT PAS."

« Les leaders partagent la v rit aux gens qui croient les mensonges leur sujet. »

« Tout le monde transporte un seau d'eau et un seau d'essence dans la vie. Un leader a appris jeter le bon seau au bon moment. »

"FAITES CE QUE VOUS POUVEZ, LE MIEUX QUE VOUS POUVEZ, PENDANT QUE VOUS LE POUVEZ, BIEN QUE CERTAINS JOURS LE 'POUVEZ' POURRAIT ÊTRE ÉLIMINÉ."

"LE PLUS IMPORTANT EST DE SUIVRE VOS PRINCIPES."

« Les mauvaises habitudes : faciles à développer et difficiles de vivre avec. Les bonnes habitudes : difficiles à développer et facile de vivre. »

« La vue c''est voir avec les yeux; la vision c'est voir avec l'esprit. »

"LA BONNE DÉCISION N'EST PARFOIS PAS LA PLUS SÉCURITAIRE."

"AVOUEZ VOS PROPRES ERREURS OU ILS VOUS POSSÈDERONT."

« Quand l'urgent carte l'important, les gens urgencemment n'accomplissent rien qui vaille la peine. »

« 'Avez-vous le talent?' n'est pas souvent la question. 'Avez-vous du cran pour aller jusqu'au bout?' est la vraie question. »

"LES GENS ONT UNE GRANDE CROYANCE EN LEURS PENSÉES; UNE PETITE CROYANCE EN LEURS PROPRES CAPACITÉS."

"LE SUCCÈS EST LE RÉSULTAT D'UNE ACCUMULATION DE BONS EFFORTS SUR UNE PÉRIODE DE TEMPS."

« L'effet de levier est l'habilet d'appliquer une pression positive sur vous-m me d'aller jusqu'au bout avec vos d cisions m me quand ils font mal. »

« Ce n'est pas ce que vous mangez qui vous tuera autant que ce qui vous ronge. »

61

CUL-DE-SAC

Combien de fois est-ce arrivé?
S'organiser et se démener,
En cherchant l'arrivée
Qui semble plus illusoire que la justice?
En avant toute,
Ne disent-ils pas que la fortune sourit aux audacieux?
Par contre, en nous arrêtant brusquement
Comme nous le devons si nous voulons demeurer sains d'esprit,
En nous retrouvant dans un autre cul-de-sac.
L'engrenage démarre la chaîne,
Comme nos pieds glissent des pédales.
Remercions Dieu pour l'asphalte
Parce qu'au moins nous pouvons mettre notre pied par terre pour redémarrer.
Je me pose des questions sur le compte précis des revirements dans ma vie
En passant à la marche arrière
Et en roulant sur les résidus d'erreurs coûteuses,
Des investissements sur rien de plus qu'un caprice passager
Maintenant remis à un tiers du prix.
Par contre, ils m'avaient tant captivée à l'époque
Les brillants éclairs attirant mon attention,
Une déviation de l'attraction magnétique,
Faibles bien qu'ils soient
Vers ma route prévue.

Tournez ici et tournez là-bas,
En zigzaguant sur mon chemin pendant des jours,
Poursuivant toujours avec confiance
Le prochain souvenir se trouvant uniquement dans les photos
Saisies numériquement et vacillant sur un écran.
Il n'y a pas de programme nous permettant de rembobiner
Un sous-programme jamais compilé
Ainsi, tout ce que nous pouvons obtenir de chaque cul-de-sac
Est la leçon achetée à un prix exorbitant,
Mais bientôt oubliée par les yeux trop faibles pour se concentrer
Sur autre chose que la vapeur?
Le destin, cependant, connait mieux
Que notre vanité et nos caprices légers,
Et les tic-tac de l'horloge quand nous dormons
Nous rappellent combien nous avons dépensé
Et à quel point nous avons peu à montrer pour cela,
Mais, encore une fois, tellement, d'une façon ou d'une autre, conçu des 'erreurs,
une vie complète et remplie.
Nous courons droit devant ce dont nous avons réellement besoin,
Dans le prochain cul-de-sac,
Chassant ce que nous voulons,
Et obtenant ce que nous devions obtenir
Depuis le début.

LIFE

« Être en entreprise ne devrait pas signifier être occupé. »

« Regarder à l'extérieur pour trouver quelqu'un à servir est le chemin hors de l'adversité. »

« Vous ne vous sentez pas comme un gagnant et alors vous passez à l'action; vous agissez comme un gagnant et alors vous le sentez. »

« Le principe du leadership : comme la faim augmente, les excuses diminuent. »

« Les affaires du gouvernement ne devraient pas être des affaires. »

« Les intellectuelles sont ces personnes qui élaborent des explications compliquées contre le bon sens. »

« Ne soyez pas votre pire critique; il y a beaucoup d'autres gens prêts à remplir ce poste. »

Vous n'êtes peut-être pas le meilleur dans ce que vous faites. Ne laissez pas cela vous déprimer, une seule personne peut être la meilleure dans n'importe quelle activité. La vraie question est : « Est-ce que vous vous améliorez? » La clé est de continuer à grandir, en s'efforçant à devenir meilleurs, personnellement et professionnellement, dans ce que Dieu vous a appelés à faire. Beaucoup de gens deviennent leurs pires critiques, se battant mentalement, s'angoissant sur des occasions manquées, mais vous ne pouvez pas changer le passé. Cessez de regarder dans le rétroviseur lorsque vous essayez d'avancer. Les leaders apprennent du passé, agissent dans le présent, et accomplissent des choses dans l'avenir. La plupart des gens souffrent de paralysie de l'analyse, revenant sans cesse sur le passé, mais n'agissant pas dans le présent. Souvenez-vous, cela s'appelle le livre des Actes des apôtres dans la Bible parce que les apôtres ont agi sur le message, ils n'y ont pas seulement pensé. Vous ne pouvez pas saisir votre avenir jusqu'à ce que vous soyez prêts à laisser aller votre passé. Examinez votre passé, en regardant le bon, le mauvais et l'odieux, en méditant sur les meilleurs choix qui auraient pu être faits, en apprenant les leçons, mais ensuite, passez à autre chose. Lorsque vous cesserez d'être votre pire critique, laissant le passé au passé, vous atteindrez le succès comme jamais auparavant, quelqu'un d'autre se portera volontaire pour remplir le poste de critique. Comme le dit le dicton : « Plus vous montez l'échelle de la réussite, plus votre derrière est exposé ».

« La discipline est d'endurer joyeusement les choses que vous ne voulez pas faire afin que vous puissiez syst matiquement profiter des choses que vous voulez faire. »

« Une personne qui refuse de rester terre finira ventuellement debout. »

❝Ce n'est pas ce que vous dites, c'est ce qu'ils entendent.**❞**

❝Les relations dans votre vie devraient être certaines de vos plus précieuses "possessions".**❞**

« La concentration est l'habilet de s'appliquer sur ce qui est important m me quand les choses secondaires envahissent votre espace et votre temps. »

« Vous ne devriez pas faire le travail si vous ne croyez pas que vous pouvez le terminer avec une victoire. »

❝La seule mauvaise expérience est une expérience qui n'a pas été évaluée.**❞**

❝Lorsqu'une personne perd la croyance dans son habileté à réaliser quelque chose, elle perd l'envie d'essayer.**❞**

« Toutes personnes r pondent un d fi en tant cr atives — certaines inventent des solutions, d'autres inventent des excuses. »

« La meilleure fa on de lire dans la pens e d'une personne est en passant au travers de ses actions. »

65

« Si vous voulez avancer dans la vie, remplacez les mauvaises habitudes qui vous retiennent par de meilleures habitudes qui vous propulsent vers l'avant – laissez tomber pour monter. »

« En leadership, la cause vient toujours avant les applaudissements. »

NE LAISSEZ PAS LA FRICTION DE LA VIE EFFACER VOTRE BONHEUR..

BEAUCOUP DE PERSONNES SEMBLENT PASSER À TRAVERS DE LEUR VIE SUR LA POINTE DES PIEDS ESSAYANT D'ARRIVER À LA MORT SANS RISQUE

« La plupart des gens s'épuisent en pensant de faire le travail au lieu de simplement le faire. »

« Les champions sont dans une constante quête sans fin vers l'excellence dans tous les domaines de leurs vies. »

NOTRE GOUVERNEMENT AGIT COMME S'IL AVAIT UNE PERTE DE MÉMOIRE : REGARDANT FIXEMENT UN FEU QU'IL A CAUSÉ, EN SE DEMANDANT COMMENT TOUT A COMMENCÉ !

NOUS NE POUVONS PAS RÉPARER CE QUE NOUS NE POUVONS PAS CLAIREMENT DÉFINIR.

66

Détendez-vous et endurcissez-vous

Selon moi (Chris), il existe deux attitudes face à la vie qui sont d'une importance capitale pour les leaders, particulièrement dans notre temps moderne où nous sommes dorlotés. Ils sont les suivants :

1. Détendez-vous.
2. Endurcissez-vous.

Il n'y a rien de plus répugnant qu'une personne qui se prend, lui-même ou elle-même, trop au sérieux. Une de mes phrases préférées est : « Prenez tout au sérieux, sauf vous-même. » Les gens peuvent facilement devenir un peu trop « lourds » en portant leurs fardeaux. Rappelez-vous : tout le monde a des problèmes. Personne n'a une santé parfaite. Personne n'a des relations parfaites. Personne n'a la vie facile. Vous ne devriez pas être surpris lorsqu'elle ne l'est pas pour vous, non plus. Alors, détendez-vous un peu et travaillez sur votre attitude. Devenez plus amusant. Regardez le bon côté des choses. Trouvez une lueur d'espoir dans tout événement. Faites-moi confiance : les gens se souviendront de vous à quel point vous le faites mal ou bien. Les gens affluent vers ceux qui sont positifs, pleins d'enthousiasme et grands sur la vie. Ils s'éloignent des gens dramatiques, aigres, plaignards, sérieux et de types « réaliste ». Alors, faites le choix de vous détendre.

Aussi, il n'y a rien de plus pathétique qu'une personne qui s'appuie sur son sort. Pour la plupart, les personnes sur la terre aujourd'hui ont plus de bénédictions, de meilleurs soins de santé, une meilleure nutrition, un meilleur abri, une espérance de vie plus longue, plus d'occasions, voyagent plus facilement, de plus grands mécanismes permettant d'économiser du temps, etc., que quiconque ne l'a jamais eu avant, incluant les plus grands rois. (Ce n'est pas de minimiser la condition de ceux qui souffrent vraiment de l'absence de même les petites nécessités de la vie. Par contre, la plupart des gens qui lisent ne sont pas de cette catégorie, ils sont plutôt bénis au-delà de toute description.) Nous devrions réaliser à quel point notre vie est relativement facile et nous réjouir de la bénédiction que Dieu a fournie. Cela devrait nous rendre plus sévères grâce à nos défis, nous donner le bon point de vue et nous rendre plus forts. Personne n'aime un peureux.

> *Nous devrions réaliser à quel point notre vie est relativement facile et nous réjouir de la bénédiction que Dieu a fournie.*

Voilà : deux de mes conseils préférés. Pendant que vous passez à travers votre journée aujourd'hui, posez-vous la question suivante : « Comment puis-je me détendre et m'endurcir? »

« Apprendre du passé, vivre dans le présent, mener vers l'avenir! »

« Confronter les endroits dans lesquelles nous devons changer est inconfortable pour une saison, mais ne pas les confronter est inconfortable pour toute une vie. »

"Les bons marins ne sont pas faits en eau calme."

"Il y a beaucoup de personnes vraiment gentilles dans ce monde. Et quelques-unes d'autres."

« Les leaders doivent apprendre à prioriser entre l'important et l'urgent ou ils n'iront nulle part en toute urgence. »

« Des règles sans relations égalent une rébellion — mettez les relations en premier! »

"L'humour peut être trouvé dans presque tous les aspects de la vie. Je crois que la première raison de cela est que la vie est remplie d'humains."

"La plupart des personnes agissent comme si la vie est linéaire, quand en réalité elle est un peu courbée."

« La pire décision est l'indécision. »

« L'autodiscipline est l'habileté de faire ce que vous ne voulez pas faire. La maîtrise de soi est l'habileté de ne pas faire ce que vous voulez faire. »

❝Ne soyez pas comme tout le monde. Même si vous êtes le seul.❞

❝Des actions à court terme ont des conséquences à long terme.❞

« S'entraîner ne rend pas parfait. Seulement, s'entraîner parfaitement rend parfait. »

« Participer dans une course est la moitié de la bataille parce que vous ne pouvez pas finir ce que vous ne voulez pas commencer. »

❝Je pense que notre patrimoine génétique a besoin de se réveiller.❞

❝Quand vous essayez de changer le monde, méfiez-vous de ceux qui le gouvernent déjà!❞

Se cacher du destin

Croyez-vous au destin? Nous y croyons. Nous croyons que chacun d'entre nous est doté de talents spéciaux et d'une vocation qui nous est propre. Nous le savons en notre for intérieur. C'est là, lorsque nous faisons le silence pour écouter, lorsque nous éteignons les médias, le bruit et l'agitation.

Peut-être qu'il nous fait peur. Peut-être que nous ne pensons pas que nous en sommes dignes. Peut-être que nous ne voulons pas être tenus responsables. Par contre, il est là.

> Nous croyons que chacun d'entre nous est doté de talents spéciaux et d'une vocation qui nous est propre.

Alors, pourquoi tant de personnes le fuient-ils? Pourquoi avons-nous les oreilles bouchées et les yeux bien fermés à toute possibilité de la grandeur de notre potentiel intérieur? Pourquoi avons-nous supprimé l'étincelle divine par la décadence et la superficialité?

Nous avons décidé de compiler une liste des choses derrière lesquelles les gens se cachent afin d'éviter de faire ce pour quoi ils ont été mis sur la terre. C'est une bouffonnerie d'histoire jouée par des idiots, qui sont beaux, mais nous nous flagellons nous-mêmes pour garder le secret dont personne ne peut découvrir. Ils fixent fermement le boisseau par-dessus la lumière.

Voici notre liste. N'hésitez pas à vous offenser ou à en ajouter (ou les deux). À vous le choix. Cependant, examinez attentivement, vous trouverez des milliers de gens qui se cachent derrière chacun de ces cas, peut-être même quelqu'un que vous connaissez.

1. La victimisation
2. La maladie
3. Le besoin ardent d'avoir de l'argent afin de satisfaire les pitoyables habitudes de dépenses (la dépendance au matérialisme)
4. La dramatisation personnelle et l'amplification excessive des problèmes
5. Le combat relationnel
6. L'obsession du média/l'excès de divertissements
7. Les dépendances
8. Le comportement conçu pour attirer l'attention
9. L'échec et la nécessité de recevoir de la pitié
10. L'auto-illusion
11. L'auto-sabotage
12. La paresse
13. La débauche
14. L'évasion psychologique
15. Le fanatisme dans le sport
16. La carrière
17. Le statut
18. Plaire aux autres/l'obsession d'être acceptée
19. La crainte/la timidité/le doute
20. La procrastination
21. Les distractions de toutes sortes
22. Une faible concentration
23. Un manque d'introspection ou pensée significative

Prenez la décision de vous reveiller maintenant.

Ne nous cachons pas derrière rien. Affrontez votre destin et poursuivez-le avec tout ce que vous avez. Vous ne vous sentirez jamais mieux, n'aurez jamais plus de plaisir ou ne trouverez aucune autre manière où vous ferez autant de différence. Après tout, vous êtes censés être tout ce que vous pouvez être! Rien de moins ne fera l'affaire.

« Si vous jouez le jeu, jouez-le pour gagner. »

« Le caractère, c'est faire ce qui est bien, peu importe ce que vous voulez. »

L'Amérique : le pays des personnes, qui avaient la force de se lever et d'avancer, provient de celles qui se sont levées et qui sont venues.

La vie n'a pas de reculons; mais elle est enregistrée.

« Comme la douleur est la faiblesse quittant le corps, l'échec est l'ignorance quittant notre stratégie. »

« Arrêtez d'essayer de penser à votre façon en faisant de nouvelles actions, et commencez à agir à votre façon, en appliquant de nouvelles manières de penser. »

La compétition est le gymnase de l'inconfort duquel les participants les plus forts émergent.

Ne gaspillez pas vos difficultés; essorez-y chaque leçon possible!

« Les leaders peuvent, soit organiser un plan pour gagner avec leur équipe ou se tourmenter de l'échec de leur équipe. »

« On dit qu'un leader a le charisme, lorsqu'il prend habituellement un intérêt plus grand pour les autres que lui-même. »

LA MEILLEURE EXPÉRIENCE EST CELLE DE QUELQU'UN D'AUTRE, BIEN ÉTUDIÉE ET APPLIQUÉE.

LES LEADERS DOIVENT COMPRENDRE QUE COMME L'OFFRE CRÉE LA DEMANDE, LE COURAGE CRÉE LE PROGRÈS.

« Tout le monde réussit jusqu'à la hauteur des limites dans sa croyance. »

« La victoire arrive en apprenant de chaque échec et en faisant ce qui est nécessaire pour le corriger. »

PLUSIEURS LEADERS COMMENCENT UNE GRANDE AVENTURE, MAIS SEULEMENT QUELQUES-UNS LA FINISSENT.

LES JE—SAIS—TOUT SONT SEULEMENT DES PERSONNES AVEC DE MAUVAISES ATTITUDES AU SUJET DES COMPÉTENCES DES AUTRES.

« Le leadership est davantage une question d'inspiration qu'une question d'exiger. »

« Le caractère est plus facile à garder qu'à récupérer. Ça prend des années pour le développer. Il peut être perdu en quelques minutes. »

Il a eu et aura toujours, de la dignité dans le travail acharné vers une fin noble.

L'uniforme du leadership, est la peau épaisse.

« Le leadership n'est pas délégué d'une personne à une autre, mais est acquise, aussitôt que la responsabilité est acceptée. »

« La meilleure façon d'impressionner les autres, est en étant sincèrement impressionnée par eux. ». "

L'excuse la plus triste est celle que la personne se vend à elle-même.

Si nous étions moins bénis, accomplirions-nous plus ?

73

BOUGEZ OU PERDEZ

IL EXISTE DEUX RÉACTIONS que les personnes manifestent lorsqu'elles sont confrontées à des défis. La première est la plus courante. Il s'agit d'avoir une triste mine, l'art de se lamenter et le mécanisme d'autoprotection de se renfermer dans sa coquille. Imaginez un insecte *rond et dodu*. Au premier signe de difficulté, il se replie dans une boule, espérant que personne ne puisse le voir et espérant au-delà de tout espoir qu'un petit bambin morveux ne le ramasse pas, le roulant par-ci par-là et, finalement, l'écrasant. Je ne suis pas certain de savoir pourquoi c'est le cas, mais quand les gens sont précisément sous une pression financière, leur réaction est habituellement le contraire de ce qu'elle devrait être. Leur réaction au problème l'amplifie au lieu de l'effacer. Ils sont paralysés, leur activité ralentit, ils pensent trop à leur situation sous chacun de ses angles et, bref, ils avancent, bougeant beaucoup, sans rien faire d'important.

La deuxième réaction est la bonne. Elle implique la prise d'action massive contre le problème. C'est le vieil adage : « il est temps de faire quelque chose, même si c'est mal. » Cette réaction peut ou ne peut pas être parfaite, mais parce qu'elle implique de l'action elle mène habituellement à des corrections au fil du temps et devient donc de plus en plus productive.

Comme il a été dit, une voiture est plus facile à diriger lorsqu'elle est en mouvement.

> « Il est temps de faire quelque chose, même si c'est mal. »

L'action est l'élément clé. Le caractère est exposé par l'action de l'individu qui affronte des pressions paralysantes. Lorsque la personne moyenne pourrait se recroquevillerait comme un insecte, le champion passe à l'action. Ne sous-estimez jamais le pouvoir de l'action massive qui amorce toute une série d'événements qui peuvent vous sortir de votre problème. Son impact cumulatif est souvent difficile à croire. Le progrès s'empile sur le progrès, les défis s'estompent, les pauses semblent se produire de plus en plus dans un sens positif et le ciel commence à s'éclaircir.

Par contre, rien de tout cela ne se produira si vous êtes assis sur le divan, déprimé ou paralysé par vos problèmes. Levez-vous et bougez. Le monde est un passage et ne s'aperçoit pas de ceux qui jouent à la victime.

Cessez de perdre et avancez.

L'ACTION EST ÉLÉMENT CLÉ.

« La plupart des personnes surestiment ce qui peut être accompli en un an et sous-estiment ce qui peut être accompli en dix ans. »

« Les mauvais leaders sont comme des parapluies brisés. Ils évitent d'être découverts quand le soleil brille, mais révèlent leur incompétence quand il pleut. »

Une grande performance exige une cause plus grande que soi-même.

Un cynique est un idéaliste déçu.

Le sport no 1 de l'Amérique? C'est dépenser de l'argent.

« La vraie grandeur, exige de l'endurance, autant que du talent. »

« Ce que vous dites aux autres est une bonne révélation de ce que vous dites à vous-même. »

Nous grandissons pendant que nous servons.

Les nouvelles idées sont dangereuses pour ceux qui investissent dans le statu quo.

Il est mieux de vivre la vie comme une aventure.

« En vous, il existe le caractère vous permettant de vous relever, de gagner ou de vous rendre. Celui que vous choisissez pendant vos luttes détermine votre destin. »

« Le mentorat : affirme la personne, tout en lui suggérant une différente perspective de penser. »

C'EST À VOUS DE SAVOIR DANS QUELLE ENTREPRISE VOUS ÊTES

Il devrait aller de soi que vous devez savoir ce que vous faites en vue de le faire. En effet, un nombre étonnant de personnes et même d'entreprises ne semblent pas savoir quel est leur but principal. Toutefois, il existe deux groupes, et nous pouvons toujours compter sur eux pour comprendre parfaitement bien la situation : 1) les clients et 2) les concurrents. L'un vous laissera et l'autre vous dévorera si vous n'avez rien trouvé.

Alors quelle est votre activité?

Avez-vous clairement défini l'entreprise?

Êtes-vous certain que c'est vraiment cela?

Les réponses à ces questions sont importantes, car elles dictent les stratégies, les décisions et les actions qui mènent à des résultats ou à l'absence de celles-ci. **Ce ne sont pas des exercices banaux — ils sont primordiaux.**

Prenons par exemple Steve Jobs des ordinateurs Apple. Il est certainement un sujet digne d'étude, ayant énormément réussi en très bas âge, ensuite, il a eu de nombreux échecs, pour tout simplement renaître des cendres et s'élancer vers les hauteurs de plus en plus élevées. Je vais, à un certain moment dans l'avenir, écrire en profondeur au sujet de cet homme très intéressant, mais pour l'instant, il suffira d'avoir recours à lui pour, je l'espère, offrir un exemple clair des principaux points de cet article. (N'êtes-vous pas contents qu'il y ait un point?)

Le nom même de « Apple Computer Corporation » donne une idée de l'endroit où je m'en vais. Vous voyez, j'affirme qu'une partie de ce qui clochait avec Steve Jobs dans sa première course à succès a été qu'il n'a pas compris la nature de son propre génie. Il pensait qu'il exploitait une entreprise de production et de vente d'ordinateurs. Suivre cet objectif l'a emmené dans de nombreux culs-de-sac et, finalement, l'a conduit à son expulsion de la même entreprise qu'il a aidée à lancer.

Il a connu un sort encore pire lors de sa "prochaine" (se dit 'next' en anglais) aventure, les ordinateurs NeXT, dans laquelle il s'est encore une fois penché sur la construction et la vente d'ordinateurs, cette fois-ci, pour un marché légèrement différent. Par contre, pendant son parcours, il a fait bien les choses, ce qui s'est transformé, finalement, en réussite et a permis son retour vers la réussite. Plus important encore, il a, soit découvert ou s'est simplement orienté vers l'ensemble de ses vraies aptitudes : de rendre la technologie incroyablement fiable et élégamment utile à l'individu moyen.

Vous voyez, la plupart d'entre nous ne souhaitent pas vraiment savoir comment un ordinateur fonctionne, les complexités de la programmation ou l'intelligence d'un sous-programme. J'étais vivant pour l'ensemble de la révolution informatique, ma première exposition fut chez mon ami Ramana en quatrième année où il m'a montré son ordinateur P.E.T.

« À quoi servira-t-il? » me suis-je demandé.

« Pour programmer des choses », répondit-il.

« Comme quoi? »

« Eh bien, tu peux écrire des lignes de code de programmation et il le compilera, » m'a-t-il répondu.

« Est-ce qu'on peut encore jouer avec tes figurines d'action de Star Wars? » lui ai-je demandé.

La technologie informatique a toujours été intéressante pour les Ramana de ce monde, mais pas pour le reste de nous, les simples mortels. (Ramana continuera son parcours et finit par donner le discours de fin d'année.) Comme pour la plupart des gens, mon expérience avec les ordinateurs a été un exercice obligatoire et frustrant pour apprendre des détails sans aucun sens que je ne voulais pas apprendre de toute façon. Je voulais tout simplement le résultat final de ce que cet ordinateur était censé produire.

Parlons de Steve Jobs; avec son air " cool " et son insistance de comportement maniaque voulant que les choses « fonctionnent tout simplement, » il est comme un chevalier en armure pour tous ceux d'entre nous qui ont désespérément besoin de la technologie, mais qui ne le trouvent pas plus intéressant que de mettre les pousses de bambou sous nos propres ongles. Le fait qu'il pourrait nous apporter quelque chose qui fonctionne et même nous faire sentir " cool " en le faisant, était son véritable génie. Je soutiens, en effet, c'était cela, sa vraie entreprise. Une fois qu'il a découvert ce fait, il était impossible de l'arrêter. Cette réalisation l'a sorti de cette boîte « de faire et de vendre des ordinateurs » et l'a amené dans le monde de la musique numérisée (iPod et iTunes), des films d'animation information de long métrage (Pixar) et des périphériques informatiques qui servent nos vies de façon fiable (MacBook et iPhone). Bon travail, Steve. Même si vous pensez que le Zen est 'cool' et que vous ne mangez pas de viande, je peux quand même dire que je me reconnais en vous.

Alors, déchirez une page du manuel de Steve Jobs ou du moins chantez l'un de ses morceaux préférés sur votre iPod Shuffle, et que ce soit bien clair dans votre tête ce qu'est votre vraie entreprise. Si vous pensez que c'est aussi simple que de fournir une réponse avec une base fonctionnelle comme « la fabrication et les ventes de gadgets que les gens veulent acheter », vous méritez ce qui se présentera à vous, mais si vous pouvez découvrir vraiment votre angle de génie, que vous et que seulement vous pouvez apporter, alors il vaut mieux se préparer pour un lancer de fusée jusqu'à la lune. Parce qu'il y aura toujours un marché lorsque vous serez prêt.

ALORS QUELLE EST VOTRE ACTIVITÉ?
L'AVEZ-VOUS CLAIREMENT DÉFINI?
ÊTES-VOUS SÛR QUE C'EST VRAIMENT CELA?

La foule ou l'équipe?

Une foule de personnes est l'une des plus dangereuses des entités impitoyables sur terre. À l'inverse, une équipe d'un haut niveau d'aptitude et des gens productifs est l'un des plus réconfortants et une source d'inspiration. La différence est le leadership.

Peu de choses ont déjà été accomplies par l'aspirant solitaire. Les gens doivent s'unir en des groupes productifs et chacun doit offrir tout ce qu'il y a de mieux pour l'effort de l'équipe afin de produire de vraies réalisations. De cette manière, l'ensemble dépasse de loin la somme des parties. Participer à une telle équipe peut être l'une des expériences les plus libératrices et passionnantes de votre vie. Ce n'est pas seulement plaisant d'être membre des équipes productives, elles sont également responsables de tout ce qui existe dans notre civilisation, les avancées technologiques aux merveilles architecturales aux dynasties sportives.

La plupart des équipes hautement fonctionnelles sont alignées dans un but commun, pour une noble cause et elles travaillent respectueusement et en toute confiance ensemble. Elles sont plus préoccupées par la gloire de l'équipe plutôt qu'elles le sont de recevoir des récompenses personnelles. Elles prennent soin les unes des autres et se poussent mutuellement à une contribution supérieure, d'une manière qui reflète l'importance du « fer aiguisant le fer ». La pression exercée par les pairs devient positive et les sommets sont atteints collectivement ce qui aurait été au-delà de la capacité de tout individu.

De grandes personnes sont requises pour les grandes équipes. Par contre, il y a quelque chose de plus. Souvent, le groupe l'équipe le plus « talentueux » ne fonctionne pas comme prévu. Le leadership est requis pour former et diriger des équipes avec de plus en plus de succès et c'est ce leadership qui fait toute la différence.

DIRIGER LES ÉQUIPES VERS L'EXCELLENCE EXIGE D'ÊTRE INTENTIONNEL ET D'Y METTRE DU TRAVAIL ARDU, EN L'APPLIQUANT RÉGULIÈREMENT AU FILS DU TEMPS.

Le leader doit continuer à développer clairement et continuellement les thèmes du groupe auxquels chacun s'associe. Il a besoin de la vision et de la régularité, de promouvoir l'harmonie et la confiance, d'affronter les vraies questions qui menacent la cohésion de l'équipe et de nourrir de la conviction que ce que l'équipe s'efforce à faire, il peut le faire.

Comme le dit le proverbe : « Mettez deux idiots dans une salle avec un expert et après un certain temps, trois idiots en sortiront. » C'est donc le même principe avec les équipes. Même les plus doués des groupes de personnes peuvent devenir corrompus et sans pitié si laissés à eux-mêmes, sans un vrai leadership et une orientation administrée sur une base régulière. Le leadership est la force qui empêche les tendances de la 'mafia' de tout groupe de personnes et canalise plutôt ses énergies dans le secteur de l'alignement productif. Et, ce leadership peut provenir de n'importe quels niveaux. Le simple fait que l'un n'est pas le leader d'une organisation de personnes ne signifie pas qu'il ou elle ne peut pas mener. Tout poste est en contact avec les autres parties de l'équipe et, par conséquent, exerce une certaine influence sur le reste. Un exemple concret de leadership des bonnes choses a toujours son effet. Alors, entraînez-vous vigoureusement à partir du poste où vous vous trouvez, et contribuez au bon fonctionnement de votre équipe. Sans elle, vous pouvez vous attendre à un comportement du type de la foule. Avec elle, vous pouvez vous attendre au meilleur. Le choix vous appartient.

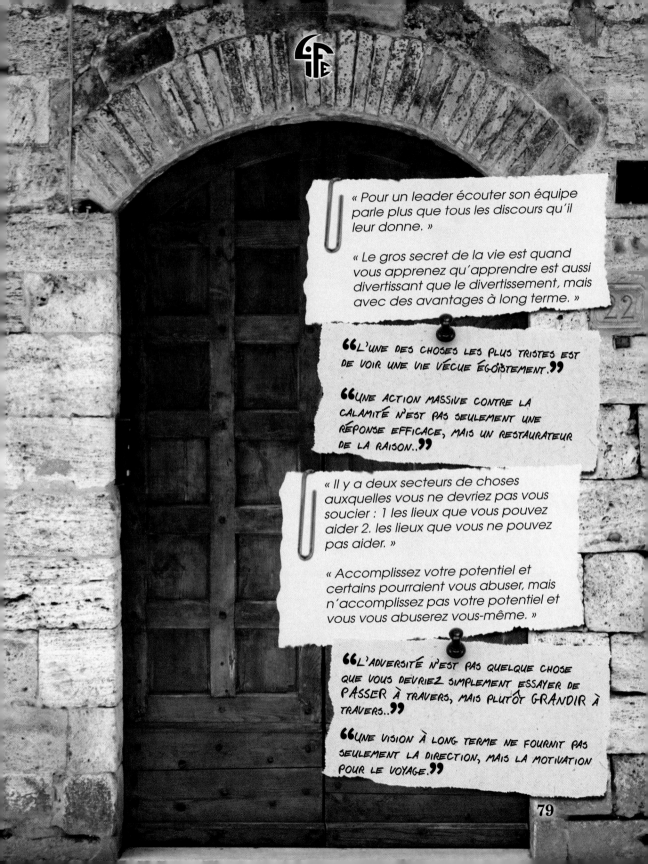

« Pour un leader écouter son équipe parle plus que tous les discours qu'il leur donne. »

« Le gros secret de la vie est quand vous apprenez qu'apprendre est aussi divertissant que le divertissement, mais avec des avantages à long terme. »

L'UNE DES CHOSES LES PLUS TRISTES EST DE VOIR UNE VIE VÉCUE ÉGOÏSTEMENT.

UNE ACTION MASSIVE CONTRE LA CALAMITÉ N'EST PAS SEULEMENT UNE RÉPONSE EFFICACE, MAIS UN RESTAURATEUR DE LA RAISON..

« Il y a deux secteurs de choses auxquelles vous ne devriez pas vous soucier : 1 les lieux que vous pouvez aider 2. les lieux que vous ne pouvez pas aider. »

« Accomplissez votre potentiel et certains pourraient vous abuser, mais n'accomplissez pas votre potentiel et vous vous abuserez vous-même. »

L'ADVERSITÉ N'EST PAS QUELQUE CHOSE QUE VOUS DEVRIEZ SIMPLEMENT ESSAYER DE PASSER À TRAVERS, MAIS PLUTÔT GRANDIR À TRAVERS..

UNE VISION À LONG TERME NE FOURNIT PAS SEULEMENT LA DIRECTION, MAIS LA MOTIVATION POUR LE VOYAGE.

« Dans le monde d'aujourd'hui, les amis irresponsables et lâches donnent leur l'amitié selon la fidélité et la loyauté. »

« Avant que les gens ne voient votre valeur, ils doivent se sentir d'abord valorisés par vous. »

Le succès est comme courir de haut en bas d'un escalier roulant. Plus le gouvernement s'immisce, plus les escaliers courent rapidement contre nous.

« Quand vous affamez l'estomac de quelqu'un, il devient méchant; quand vous affamez l'égo de quelqu'un, il se fâche. »

« Une grande partie de la victoire dans la vie est à quelle rapidité nous allons du problème identifié au problème résolu. »

La 'réglementation' est la réponse du gouvernement à chaque problème — comme un toxicomane qui consomme..

Un bon livre est difficile à lire, selon le nombre de fois qu'il vous oblige d'arrêter pour réfléchir.

Les leaders voyagent légers

Je l'ai appris à la dure, vraiment, en faisant glisser les sacs volumineux à travers les gares routières surpeuplées, sur les trains remplis et en montant les escaliers d'un hôtel âgé de cinq cents ans. Je n'oublierai jamais d'avoir traîné ces deux malles énormes à travers la gare Narita à Tokyo, m'arrêtant à une poubelle et jetant un tas de paquets afin d'alléger ma charge.

Ma (Chris) femme et mes enfants ont très incroyablement bien accepté ce dogme, en emballant leurs valises pour un mois en Italie et en utilisant une seule valise pour eux cinq! Des chaussures de course et un grand nombre de couches (nous en avions assez pour nous construire un radeau et revenir à la maison sur les eaux de l'océan Atlantique) nous amenant à deux valises en tout.

Voyager léger n'est pas seulement une nécessité pour tous ceux qui souhaitent voyager sérieusement autour du globe, mais il sert aussi comme une bonne métaphore pour la vie. Soyons réaliste, il y a ceux qui se contentent de couper une large bande à travers leur vie, voyageant avec beaucoup de choses qui les ralentit. Tandis qu'il y en a d'autres qui semblent voltiger d'un épisode à l'autre sans exiger un lourd tribut sur ceux qui les entourent.

> *Les leaders vont souvent en territoire inconnu pour influencer les autres à les suivre.*

Le leadership c'est un peu comme faire un voyage. Les leaders vont souvent en territoire inconnu pour influencer les autres à les suivre. Les leaders doivent se préparer eux-mêmes et leur peuple pour le voyage. Les leaders doivent être prêts à bien réagir aux obstacles et aux défis qui viennent inévitablement. Les meilleurs leaders sont les plus habiles, les plus en mesure de s'adapter et de rétablir l'ordre, les plus solides sur l'engagement à une vision, mais les plus flexibles sur la route. Les leaders bâtissent la confiance et développent des réseaux, des alliances et des relations profondes et, bien sûr, les meilleurs leaders ont du caractère et de l'intégrité.

Tous ses éléments peuvent être considérés comme caractéristiques de voyager légers à travers la vie. Bien que les leaders puissent transporter de charges lourdes et souvent injustes, ils le font avec grâce et fidélité à une bonne cause, ce qui signifie qu'ils n'ont presque rien d'autre à apporter. Voici quelques domaines à considérer lorsque vous cherchez à augmenter vos habiletés en matière de leadership en voyageant légers :

1. Les relations — lourd est le fardeau de porter les relations brisées et non réparées. Léger est le fardeau d'un rapport étroit d'amitié, des liens profonds et de la confiance sincère.

2. Les engagements — lourd est le fardeau de trop d'engagements fait à la légère sans réflexions ou conviction. Léger est le chargement de l'engagement aux principes donnés par Dieu et aux objectifs louables. Bien que certaines des plus grandes charges sont celles composées de fragments et d'échardes des engagements que nous avons brisés dans la vie.

3. La concentration — lourd est le chargement du leader qui est incapable de se concentrer et d'établir des priorités en conséquence. Léger est le chargement d'un leader qui comprend que presque n'importe quoi peut être accompli s'il concentre suffisamment d'énergie, de désir, de concentration, de talents, d'efforts, de persévérance, de temps et de travail sont appliqués.. Vous pouvez accomplir presque tout ce à quoi vous vous engagez vraiment, mais vous ne pouvez pas tout faire. Vous devez choisir, puis attaquer avec tout ce que vous avez.

4. L'honneur — lourd est le chargement de la personne qui ne peut pas être digne de confiance, qui viole les promesses faites, qui ne parvient pas à garder un secret et qui ne peut pas être fiable. Ces personnes vont trouver la vie de plus en plus difficile comme l'accumulation de ceux qui les connaissent pour ce qu'ils sont. Pire encore que l'accumulation d'opinion de ceux qui sont déçus est l'ardente douleur des brûlures à sa propre conscience. Le chargement le plus lourd à transporter est peut-être celui de la culpabilité et du regret.

> Les meilleurs des leaders sont comme les meilleurs des voyageurs; ils voyagent léger.

5. Les principes — lourde est la vie qui est là pour rien d'autre que l'égoïsme, l'agrandissement personnel et la gloire personnelle. Léger est la vie donnée pour la gloire de Dieu, au service des autres, et pour lutter pour le bien.

Les meilleurs des leaders sont comme les meilleurs des voyageurs; ils voyagent léger. Comme le bon voyageur qui ne prend que des photos et ne laisse que des traces derrière lui, les meilleurs leaders ne prennent que la responsabilité et ne laissent que l'amour et l'exemple.

DEVENEZ LE MEILLEUR LEADER POSSIBLE : VOYAGEZ LÉGER.

« N'abandonnez jamais vos convictions pour du confort. »

« L'Amérique restera libre seulement quand les gens désireront la liberté plus que la sécurité. »

TOUT CE QUI VAUT LA PEINE D'ÊTRE BIEN FAIT, VAUT LA PEINE D'ÊTRE MAL FAIT JUSQU'À CE QUE VOUS PUISSIEZ LE MAÎTRISER.

NOS PRIVILÈGES NE SONT PAS POUR NOTRE PLAISIR, MAIS POUR NOTRE RAISON D'ÊTRE.

« Devenir un critiqueur est plus facile que d'être un leader puisqu'il n'exige pas de sacrifices ou de résultats. »

« Notre époque s'inquiète trop de son image et pas assez de son intégrité. »

L'ENGAGEMENT EST LE COUP DE POUCE QUI PERMET D'OUVRIR LA PORTE DE L'ÉLAN OU DU RYTHME.

« Le courage de faire est plus rare que la connaissance de comment le faire. »

UNE VIE SÉCURITAIRE EST PLUS RISQUÉE, CAR ELLE RISQUE DE SE PERDRE ELLE-MÊME.

« La vraie unité transforme le talent moyen en une grande équipe tandis que la désunion transforme le grand talent en une piètre équipe. »

« Les gens qui se défendent ne sont pas désolés et les gens qui sont désolés ne se défendent pas. »

C'EST DIFFICILE DE NOUS ABAISSER QUAND NOUS REGARDONS VERS LE HAUT.

« Les gestionnaires opèrent en contrôlant les personnes tandis que les leaders opèrent en inspirant les personnes. »

UN CRITIQUEUR EST COMME UNE FILLE QUI NE PEUT PAS DANSER, QUI DIT QUE LE GROUPE DE MUSICIENS NE SAIT PAS JOUER.

« Vous laisserez vos rêves surmonter vos peurs ou vos peurs surmonteront vos rêves. »

84

La liste sous le vent

Il n'y a pas de reculons dans la vie
notre portée n'a aucune prise
Il n'y a rien à faire
pour ralentir ce voyage.

Ouvrez grand les yeux
Voyez tout ce que vous voyez
Les tempêtes soufflent sur le rivage
rocailleux
nous coulons sous le vent.

Nous affrontons les confrontations
accusons la lutte pour la douleur
totalement aveugle au fait
que la blessure révèle le bien.

Comment pourrions-nous savoir
que tout ce que nous voulons
évasif et trompeur
dans cette vie d'escapade?

Car si on le comprenait
notre queue entre nos dents
devons-nous cesser et nous demander
si le temps a glissé la gaine?

Nos poursuites vides
notre crasseuse poignée
sera incapable de garantir
tout ce qui est cher dont nous
détenons.
Une plus profonde aspiration

tire doucement à nos manches
nous nous cachons sous le boisseau
ignorant ce que cela signifie.

Mais elle est là pour de bon
pour notre plus grand bien
et parfois nous le trouvons plus
quand la douleur est grande.

C'est notre véritable vocation
Le seul but à notre vie
qui nous mène encore à la maison
l'achat d'un havre sécuritaire.

L'obsession du ciel s'écoule
brutalement vers le bas
plusieurs qui luttes et qui rêves
lorsqu'ils touchent le sol.

Gardez vos yeux levés
Utilisez votre force pour chasser
éternelle et non temporelle
ou votre vie vous la perdrez.

Vous seul pouvez vous arrêter

Nous avons étudié pendant des années les nombreuses personnes qui ont réalisé des choses extraordinaires dans la vie et la chose que je trouve commune à tous est l'audace de suivre leur propre voix intérieure. Si vous y réfléchissez, une grande partie de notre malheur vient des fausses routes et des culs-de-sac désastreux entraînant que nous ne savons pas tout à fait ce que nous voulons.

Comment êtes-vous devenu coincé dans ce travail que vous détestez? Qu'est-ce qui vous a rendu si endetté? Comment êtes-vous devenus surchargés en engagements pour lesquels vous n'avez pas vraiment signé? Lorsque vous n'êtes pas certain de connaître ce que vous attendez vraiment de la vie, il n'y aura pas de pénurie de gens qui vont vite courir pour remplir le vide. « Ah oui? Vous ne savez pas ce que vous voulez, hein? Aucun problème, nous savons ce que nous voulons de vous. Simplement, avancez de ce côté.... »

> *Les décisions sont seulement difficiles si vous ne savez pas quel est votre objectif.*
> *– Lou Holtz*

Lou Holtz a dit une fois : « Les décisions sont seulement difficiles si vous ne savez pas quel est votre objectif. » Autrement dit, j'ajouterai que c'est : « Le mécontentement et le manque d'accomplissement peuvent subvenir du fait de ne pas savoir quel est votre objectif. » Sans oublier de mentionner le gaspillage de talents, le gaspillage de temps et la perte d'opportunité.

Alors, écoutez cette voix intérieure. Suivez vos passions et ne cachez pas votre lumière sous le boisseau. Vous avez été construit dans une raison très spécifique. En fin de compte, vous êtes la seule personne qui puisse vous arrêter.

« La réussite requiert un temps de sacrifice pour une période; la faillite demande une vie de sacrifice point final. »

« Si la nécessité est la mère de l'invention alors la frustration est le père du progrès. »

TENEZ BON ET LUTTEZ CONTRE LE COURANT DE LA MÉDIOCRITÉ. VOUS POUVEZ FAIRE MIEUX.

EN TANT QUE CHRÉTIENS, NOTRE PERTINENCE EST BASÉE SUR NOTRE RÉVÉRENCE À NE PAS SE CONFORMER À CE MONDE

« C'est ce que vous apprenez après que tout le monde croit que vous êtes "arrivé" qui vous permet de rester sur le chemin. »

« Je préfère ne rien faire que de m'occuper à ne rien faire. »

SI NOUS SOMMES TROP CONFORTABLES DANS CE MONDE, NOUS NE LE SERONS PAS DANS LA PROCHAINE VIE.

DARWIN AVAIT TORT. NOUS NE SOMMES PAS DESCENDANT DES SINGES; IL Y A PLUS DE PREUVES QUE NOUS DESCENDONS DES MOUTONS

Prenez le temps

"Prenez le temps de humer le parfum des roses, » il a été dit. Je pense que l'esprit de ce devis est correct. Toutefois, je ne suis pas certain de cette partie « prendre le temps ». Si vous y réfléchissez, il n'y a rien de tel comme « prendre le temps ». Le temps existe tout simplement. Il avance à un rythme terriblement rapide comme nous allons à nos affaires. Le temps ne s'arrête pas, ne prend pas de pauses, ne cesse pas ou même ne ralentit pas. En fait, plus je vieillis, plus je suis convaincu qu'il accélère. Le temps est à peu près impossible à définir. C'est peut-être une mesure de l'existence du point de vue de la durée du temps déjà passé. De nos jours, un an paraît comme trois mois. Et dans une dizaine d'années ou plus? Eh bien, seulement quelques minutes, je déduis. J'ai appris hier qu'un associé en affaire est décédé subitement. De toutes apparences, il était en parfaite santé. Parti. Juste comme ça. Je suis attristé par la perte ressentie par sa famille et ses amis et j'espère qu'il reconnaissait Jésus Christ comme son Seigneur et Sauveur. En plus, sa mort m'incite à penser aux questions qui se cachent souvent au fin fond de ma conscience. Ce genre de nouvelles tragiques semblent chasser ses pensées et les amènent au premier plan, accablant leur honte et les obligeant à être clairement visibles. Cela me rappelle notre mortalité, l'escale qu'est cette vie et la raison que nous servons, pendant que nous sommes sur terre. Arrêtez. Pensez. Priez. Ensuite, soyez ce pour quoi vous avez été créé. Vous seul pouvez faire ce que vous pouvez faire. Cessez donc de perdre du temps à attendre, à organiser, à planifier, à comploter ou à préparer. Occupez-vous à être et à faire. Pendant que vous y êtes, donnez une accolade à quelqu'un que vous aimez et dites-lui comment vous vous sentez. Qui sait, cela pourrait bien être votre dernière chance.

LA LIBERTÉ A TENDANCE À FAVORISER LA PROSPÉRITÉ, TANDIS QUE LE RÈGLEMENT A TENDANCE À L'APPAUVRIR.

L'AUTO-ÉVALUATION RÉALISTE EST LE POINT DE DÉPART DE CROISSANCE PERSONNELLE PRODUCTIVE.

« Changer l'environnement externe est loin d'être aussi important que de changer l'interne, parce que partout où vous allez, vous y êtes. »

« Accuser quelqu'un d'autre pour vos échecs garantit seulement que vous n'apprendrez pas d'eux. »

LES CITOYENS SONT RESPONSABLES DE RENDRE LE GOUVERNEMENT DIGNE DES SACRIFICES DE SES SOLDATS.

LA HÂTE EST L'ENNEMI DE L'INSPIRATION.

UNE CONTRIBUTION INSPIRÉE EXIGE UNE CAUSE MORALE.

« Un moment dans les grâces de Dieu vaut une vie de mon travail. »

« Un homme s'aide soi-même, un homme intelligent aide les autres. »

«Quand, tout est dit et fait, il y a généralement plus de choses de dites que de faites!»

«La seule façon d'être heureux est de donner le bonheur!»

« Apprécier les gens remet une plus grande récolte que d'apprécier de l'argent. »

« Vous pouvez faire n'importe quoi en gardant la chose principale, le point central, mais vous ne pouvez rien faire jusqu'à ce que vous vous concentriez sur quelque chose. »

Les objets sont plus proches dans le calendrier qu'ils ne le paraissent.

L'expérience est quelque chose que vous n'obtenez pas, qu'après vous en ayez besoin.

« Je préférerais avoir des milliers de "non" sur mon chemin de la réussite qu'un seul, "je te l'avais dit" sur mon chemin de la défaite. »

« L'honneur est de faire ce qui est bon même quand vous avez le pouvoir de faire le mal. »

Vous pouvez miser sur n'importe quelle amitié ou il y a de l'intérêt de versé.

L'impatience est inévitable pour les personnes qui vivent seulement dans le présent.

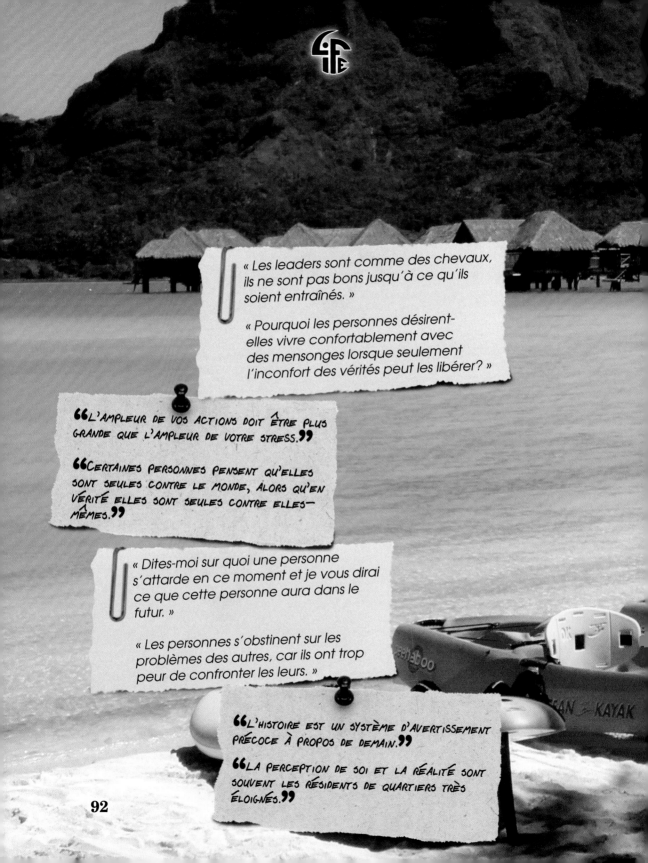

« Les leaders sont comme des chevaux, ils ne sont pas bons jusqu'à ce qu'ils soient entraînés. »

« Pourquoi les personnes désirent-elles vivre confortablement avec des mensonges lorsque seulement l'inconfort des vérités peut les libérer? »

L'AMPLEUR DE VOS ACTIONS DOIT ÊTRE PLUS GRANDE QUE L'AMPLEUR DE VOTRE STRESS.

CERTAINES PERSONNES PENSENT QU'ELLES SONT SEULES CONTRE LE MONDE, ALORS QU'EN VÉRITÉ ELLES SONT SEULES CONTRE ELLES-MÊMES.

« Dites-moi sur quoi une personne s'attarde en ce moment et je vous dirai ce que cette personne aura dans le futur. »

« Les personnes s'obstinent sur les problèmes des autres, car ils ont trop peur de confronter les leurs. »

L'HISTOIRE EST UN SYSTÈME D'AVERTISSEMENT PRÉCOCE À PROPOS DE DEMAIN.

LA PERCEPTION DE SOI ET LA RÉALITÉ SONT SOUVENT LES RÉSIDENTS DE QUARTIERS TRÈS ÉLOIGNÉS.

Une vie qui risque de se gaspiller d'elle-même

Le succès n'arrive pas par accident et si cela arrive, ce n'est pas vraiment un succès et il ne durera pas. Un vrai succès arrive par exprès. Il résulte de l'accumulation de suffisamment de bonnes choses bien faites, au fil du temps. Autrement dit, il est intentionnel.

Alors, quoi?

Eh bien, nous devons nous rendre compte que ce n'est pas aussi évident que cela puisse paraître. Si c'était ainsi, plus de gens prendraient des décisions intentionnelles vers la réalisation de quelque chose de grand, au lieu de dire des bêtises sur les distractions et de gaspiller leurs jours.

Qu'est-ce qui nous retient?

La croyance. Les gens ne font que ce qu'ils croient qu'ils peuvent faire. Une fois qu'ils commencent à recevoir des doutes, ils commencent aussi à s'arrêter. C'est pourquoi notre monde regorge de démarreurs, mais réclame des finisseurs.

Donc, travaillez sur votre image mentale de ce que vous voulez accomplir, qui vous voulez devenir et ce pour quoi vous sentez que Dieu vous a conçu. Ce n'est pas bien de traverser la vie sur la pointe des pieds en essayant de se rendre à la mort en toute sécurité. Une vie sûre est la plus risquée de toutes, parce que c'est la vie qui risque de se gaspiller.

> Les gens ne font que ce qu'ils croient qu'ils peuvent faire.

LES « GRANDS » DEVRAIENT S'ASSURER QU'ILS ONT

Les enfants sont merveilleux, aux yeux brillants, positifs, pleins d'idées et aussi curieux comme on peut se l'imaginer. Vraiment, ils sont une bénédiction de Dieu. Toutefois, chaque fois que je veux comprendre un peu de la nature humaine, tout ce que j'ai à faire c'est de les observer sous un angle différent.

En plus de toutes les bonnes choses que nous idolâtrons presque chez les enfants dans notre culture, il existe aussi un côté plus laid de l'humanité. Il s'agit notamment de l'égoïsme, la possessivité, l'immaturité émotionnelle, la concentration à court terme et un manque quand il s'agit d'assumer la responsabilité de leurs actions. Ce sont des caractéristiques comme celles-ci, lorsque vues chez les « grands » qui devraient savoir mieux, qui sont plus gênantes.

Prenez, par exemple, le concept de l'intendance. C'est le concept que les « choses » que nous avons sont des dons et devraient être soignées en conséquence. Inclus dans cette liste sont notre corps physique et la santé, l'état de nos finances, nos relations et le monde dans lequel nous vivons. Les enfants ne sont pas de très bons intendants de rien; c'est apparemment parce que l'intendance est quelque chose qui doit être appris. Les enfants vivent leurs journées sans penser à propos de leur régime alimentaire, de leur développement musculaire, de l'argent, de l'amitié, de la culture et de l'environnement. Prenons la dernière catégorie de « l'environnement » comme exemple : les enfants laissent des dégâts partout où ils vont, ils laissent les lumières allumées, ils gaspillent la nourriture, ils laissent couler l'eau et une foule d'autres comportements qui rendraient Al Gore nerveux. Je pourrais continuer.

Bref, alors que nous pouvons apprendre beaucoup de nos enfants sur les bons côtés de l'humanité, nous pouvons apprendre tout autant sur le côté sombre. Dans le domaine de l'intendance, nous, les adultes, devrions travailler à devenir de meilleurs gardiens de tout ce qui nous a été donné. Ne négligez pas votre santé, vos relations ou votre planète. En toutes choses, l'excès est habituellement un gaspillage et est destructeur, la négligence est irresponsable et l'apathie est pathétique.

En conclusion : comme des « grands » nous devrions nous assurer que nous avons.

« Concentrez-vous tous les jours à combler l'écart qui existe entre la personne que vous êtes et la personne que vous voulez devenir. »

« Le bon mentorat vous fournit un nouveau point de vue sur vos défis et l'encouragement pour les attaquer à nouveau. »

66 Un palmier pousse élance ses branches vers le ciel avec une nouvelle croissance partant de l'intérieur, alors que les vieux trucs à l'extérieur meurent et tombent. 99

66 L'excellence réussit toujours; c'est juste une question de quand, comment et comment grand. 99

« Le meilleur prédicateur de votre futur est ce que vous faites avec votre temps libre. »

« En tant que leader, est-ce que votre équipe se sent mieux dans leur peau et leurs capacités d'accomplir le travail après vous avoir fréquenté? »

66 Quand il est temps de travailler, il est temps de travailler; lorsqu'il est temps de jouer, il est temps de jouer. Tracez-vous ce genre de limites? 99

66 Les professionnels se concentrent sur leur métier en excluant toutes les distractions. C'est alors seulement qu'ils sont libérés pour autre chose. 99

Les nombreuses occupations de la vie, les vendeurs d'huile de serpent (vendeurs peu scrupuleux), et l'exécution

Dans tous les propos que l'on constate aujourd'hui au sujet du leadership, il y a un aspect en particulier qui semble être pris pour acquis (et, souvent à tort). Cette chose est l'exécution.

La productivité est une pierre angulaire de la crédibilité qu'un leader doit recueillir afin d'influencer les autres. Il n'y a pas de pénurie de personnes qui agissent comme s'ils sont occupés, qu'ils s'occupent, qu'ils deviennent occupés ou qu'ils paraissent occupés. Il n'y a également aucune pénurie de gens qui sont eux-mêmes convaincus que parce qu'ils travaillent fort ils sont, par conséquent, efficaces. Avoir de nombreuses occupations dans la vie, toutefois, n'est qu'un vendeur peu scrupuleux ou un charlatan à l'arrière d'un chariot branlant promettant des lotions et des potions pour toutes sortes de trucs. Parfois, les potions travaillent. Après tout, la médecine elle-même n'est-elle pas un type de potion magique? Mais pour le vendeur d'huile de serpent, la plupart des potions sont de simples duperies.

> *La productivité est une pierre angulaire de la crédibilité qu'un leader doit recueillir afin d'influencer les autres.*

C'est ce que sont les nombreuses activités et occupations de la vie. Bien sûr, le succès exige beaucoup de travail, d'occupations, d'efforts et parfois de longues et difficiles heures. Toutefois, beaucoup de ce que nous appelons du travail acharné n'est rien de plus qu'un faux élixir fait pour tromper (souvent au plus haut degré) la personne elle-même qui fait le travail.

Ne vous laissez pas prendre dans l'escroquerie de votre propre niveau d'activités. Beaucoup de gens sont occupés, mais c'est une personne rare qui exécute d'une manière efficiente et efficace, tenant compte des priorités, vivant par la règle 80-20 et, qui publie des résultats maintes et maintes fois.

Êtes-vous bon à réaliser les choses?

Vous exécutez-vous par obligation?

Pouvons-nous vous faire confiance pour terminer ce que vous commencez?

Lorsque nous vous donnons la responsabilité d'accomplir une tâche, pouvons-nous vous faire confiance implicitement pour un rendement efficace et complet?

Dans le cas contraire, vous pourriez envisager que votre manque à ce niveau vous limite dans votre influence et votre crédibilité avec les autres.

Je dis cela tout simplement comme ça.

« LA VICTOIRE EST BONNE TANT QU'ELLE NE MONTE PAS À VOTRE TÊTE. LA DÉFAITE EST BONNE TANT QU'ELLE NE MONTE PAS DANS VOTRE CŒUR.. »

« LA PERSÉVÉRANCE : LA QUALITÉ QUI EST LA PLUS DIFFICILE À MOBILISER LORSQUE VOUS EN AVEZ LE PLUS BESOIN. »

« Vous cessez d'être excellent au moment où vous acceptez la médiocrité dans votre vie. »

« Le succès est l'effet exponentiel du peu de choses faites de manière cohérente au fil du temps. »

« SI VOUS N'EXERCEZ PAS UNE DISCIPLINE SUR VOS FINANCES, VOS FINANCES EXERCERONT UNE DISCIPLINE SUR VOUS. »

« Les leaders savent que personne ne change jusqu'au moment où ils sont prêts, mais que tous peuvent changer quand ils sont prêts. »

« VOUS NE POUVEZ PAS CHANGER D'OÙ VOUS VENEZ, MAIS VOUS POUVEZ AVOIR UN MOT À DIRE SUR OÙ VOUS ALLEZ. »

« SI VOUS DONNEZ PLUS QUE VOUS DEVRIEZ, VOUS POURRIEZ OBTENIR PLUS QUE VOUS MÉRITEZ. »

« La maîtrise consiste à relier la douleur du processus à la naissance d'un meilleur vous. »

« SOUVENT, VOTRE RÉPONSE À UN PROBLÈME EST PLUS IMPORTANTE QUE LE PROBLÈME LUI-MÊME. »

« LES GENS DEVRAIENT AIMER LA FAÇON DONT ILS SE VOIENT QUAND ILS REGARDENT À TRAVERS VOS YEUX. »

« Les gens suivent une passion et des principes, pas des biens. »

« SI VOUS NE VOULEZ PAS FAIRE QUELQUE CHOSE, PERSONNE NE PEUT VOUS ARRÊTER ! »

« Les gagnants pensent et agissent pendant que d'autres parlent et regardent. »

Ne croyez pas qu'ils ne le font pas

J'(Chris) étais un jeune marié à l'époque. Cela devrait en dire beaucoup. Par ailleurs, j'avais grandi en faisant des choses dangereuses dans un monde qui n'avait pas encore commencé à être « accro à la sécurité. »

Par exemple, lorsque j'étais petit, c'était tout à fait normal de se promener autour de la ville à l'arrière d'une camionnette, dans des autos sans ceintures de sécurité, de tenir votre bébé sur vos genoux sur le siège avant (Il y avait des morsures de bébé sur le panneau de la porte en vinyle pour le prouver!), de jouer avec des fléchettes de pelouse, de monter sur un véhicule à trois roues motorisé, de tondre la pelouse sans protection auditive, de s'asseoir sur une chaise haute, faite en métal, qui pinçait vos doigts, de brûler de l'essence au plomb, d'être dans la fenêtre arrière d'une voiture pendant qu'elle roulait, de verser votre huile de moteur usagé au bout de l'allée, de siphonner de l'essence avec un tuyau d'arrosage flexible, de brûler vos déchets dans un baril dans votre cour, d'utiliser de la peinture à base de plomb, de fréquenter des écoles mettant en vedette des tuyaux en amiante, de peinturer une voiture dans votre garage sans l'approbation de l'OSHA (l'Administration de la sécurité et de l'hygiène du travail), de faire du skateboard sans des protège-coudes et protège-genoux, d'obtenir une fessée avec la courroie de papa, d'aller à l'école à pied (dans les deux sens, en haut de la colline, dans la neige), de s'asseoir à deux pouces de la télévision, de boire de l'eau du robinet et de conduire une bicyclette sans casque.

Comme j'écris ceci, certains de ces commentaires me font rire. D'autres semblent assez insignifiants. Le moindre de ceux-ci, du moins à l'époque de mon statut de "nouveau marié", était celui du casque de vélo. Je n'ai justement pas compris. J'avais fait du motocross, conduit des Jeeps et des camions tout-terrain, affronté les vagues des Grands Lacs avec la Jet-Skiid, et un grand nombre de choses modérément risquées. Bien sûr, à quelques exceptions, j'avais participé à ces activités tout en ornant l'équipement de sécurité approprié. J'avais même fait un peu de VTT et avait, bien sûr, porté un casque, mais le vélo autour d'un quartier pavé? Pourquoi aurais-je besoin d'un casque pour cela?

Mariés depuis moins d'un an, nous venions de déménager dans notre première maison officielle. Un après-midi d'été ensoleillé, nous étions dehors et commencions à sortir nos vélos parmi les piles de boîtes encore là pour être déballées. J'étais sur le point d'ouvrir la porte du garage quand ma femme a dit : « Tu ne vas pas mettre ton casque? »

« Quoi? » demandais-je, incrédule. Elle plaisantait sûrement.

« Allons. Porte-le tout simplement. C'est une question de sécurité. »

« La sécurité? Tu plaisantes? Nous allons faire une petite balade sur un terrain plat avec des rues pavées! Je n'ai jamais porté un casque pour faire du vélo, jamais! Uniquement sur les sentiers difficiles. »

« Chéri », elle raisonnait : « portez-le tout simplement.   Il ne peut pas faire de mal et en plus, cela montrera un bon exemple pour les enfants du voisinage. »

« Enfants du voisinage? Tu plaisantes! Ils ne sont pas nos enfants! Et, en plus, ils ne remarqueront même pas un couple d'adultes faisant un tour sur leurs vélos. Hors de question! »

Pensant avec espoir (elle le souhaitait) que son mari apprendrait un jour, Terri laissa tomber. Nous avons soulevé la porte du garage et conduit sur notre courte entrée. Nous n'avions pas fait dix pieds lorsque la fille du voisin âgé de trois ans proclame bien haut : « Hé! Papa! Comment se fait-il qu'il n'ait pas à porter SON casque!? »

> Lorsqu'il s'agit d'influencer les gens, l'exemple n'est pas la chose principale, c'est la seule chose.

Je ne pouvais pas en croire mes oreilles. Comment ma femme avait pu se retenir de ne pas me dire "je te l'avais bien dit" me dépasse.

Peu importe qui vous êtes, où vous vivez ou ce que vous faites, quelqu'un vous regarde. Fait important, ça pourrait être vos propres enfants, des proches, des amis, et/ou des membres de votre famille. Ça peut même être des étrangers. Très probablement, ce sera la fille de trois ans du voisin.

L'exemple est une drôle de chose. Si vous souhaitez en avoir un ou non, vous l'avez. Il n'est pas facultatif. Il est simplement là, chaque minute de chaque jour de toute votre vie. Ne jamais sous-estimer la puissance de votre propre exemple. Il est souvent attribué à Albert Schweitzer d'avoir dit : « Lorsqu'il s'agit d'influencer les gens, l'exemple n'est pas la chose principale, c'est la seule chose. » Ceci pourrait être une simplification excessive, le sentiment est digne d'être considéré.

Réfléchissez soigneusement qui vous pouvez être en train d'influencer (et comment) sur une base quotidienne. Qui vous regarde? Que voient-ils? S'ils devaient donner une évaluation de votre comportement, que diraient-ils? Êtes-vous un modèle à suivre? Êtes-vous reçu comme vous le croyez? Ou, dite d'une manière plus clairement, êtes-vous la personne que vous prétendez être? Êtes-vous même qui vous pensiez être? Que vous l'admettiez ou non, les gens vous regardent, vous "absorbent" et vous copient (ou vous rejettent). Ne croyez pas qu'ils ne le font pas.

« Le succès n'est pas aussi facile que le font paraître les gagnants, mais ce n'est pas non plus aussi difficile que le prétendent les perdants. »

« Si vous souhaitez en réaliser plus, vous devrez vous attendre à plus, en faire plus et devenir plus. »

« Les leaders ont besoin de courage pour prendre des décisions qui influenceront négativement un petit nombre de personnes et positivement un grand nombre. »

« Féliciter les gens en privé est bon, mais le faire devant ses pairs change la vie de tous. »

Certains affirment que la vie d'une personne qui a réussi peut être résumée en une seule phrase. Pensez à ce qui pourrait être la vôtre.

On peut dire que "la vie dans la zone" ne porte pas de montre.

« La meilleure façon d'apporter un impact positif est de développer des cadeaux que vous pouvez partager avec le monde entier. »

« L'Amérique a besoin de leader pour innover, pour motiver et pour élever les équipes dans chaque organisation. »

Le temps perd sa tyrannie prédominante sur nous lorsque nous sommes en pleine poursuite de notre vocation (c'est-à-dire, il passe inaperçu).

Les choses sont parfois exactement ce qu'elles semblent être.

100

TRAVAILLER À LA "RACINE" DU PROBLÈME

Bob épongeait et épongeait, mais ne semblait faire aucun progrès. L'eau ne cessait pas de couler, inondant sa buanderie et s'infiltrant dans le reste de son domicile. Presque épuisé, la vadrouille imbibée, l'eau jaillissant encore, c'est alors que Bob s'interrogea sur la provenance de l'eau. Une rapide inspection a révélé un tuyau fendu juste en dessous du lavabo. Avec détermination et rapidité, Bob ferma une soupape en amont et arrêta l'écoulement de l'eau. Dans les secondes qui suivirent, le flux d'eau qui avait précédemment trempé sans arrêt le plancher a dégoutté jusqu'à arrêter. Avec un dernier coup de serpillière, Bob a pu éliminer l'eau renversée et retirer la dernière trace d'humidité de sa salle de lavage. Il hocha la tête avec étonnement, Bob avait de la peine à croire à quel point la pression de l'urgence l'avait distrait d'attaquer le problème à la source. Il était seulement heureux que sa femme ne l'ait pas vu dans sa grande danse d'une heure avec la folie!

> *Nous devons croire que les problèmes peuvent être résolus.*

Ce qui précède est une interprétation utilisée par plusieurs pour illustrer le caractère fallacieux de se laisser distraire par les symptômes de nos problèmes au lieu de se concentrer sur la "racine" de la raison du problème. Cette brève parabole est si simple et si évidente que nous pensons qu'il ne pourrait jamais nous arriver. Bien sûr, nous devrions éteindre la source de l'eau. Qui ne le ferait pas? Et pourtant, le monde est rempli de gens qui s'acharnent sur les symptômes et ignorent les causes. Il existe toutes sortes d'industries qui traitent les symptômes, convaincant les gens qu'ils "font au moins" quelque chose » au sujet de leurs problèmes. Par contre, nous devons croire que les problèmes peuvent être résolus. Il n'est pas assez de tout simplement « faire quelque chose », nous devons apprendre à faire la *bonne* chose.

La réussite du leadership est largement tributaire de l'habileté du leader à réfléchir à des situations et à aller à la "racine" de la raison du problème. Bref, les meilleurs leaders identifient les problèmes, puis les résolvent.
Permettez-moi de le répéter : les meilleurs leaders
1) identifient les problèmes, puis
2) les résoudrent.

Cela est tout à fait logique. C'est évident. C'est tellement simple qu'un étudiant du secondaire peut le comprendre, mais ne vous précipitez pas à passer ce qui paraît élémentaire. Arrêtez et considérez que très peu de gens développent l'habileté d'identifier les causes à la racine du problème. Moins encore apprennent à les résoudre. Par contre, la résolution d'un problème dépend en grande partie d'une bonne identification de la racine du problème. Par conséquent, mettez suffisamment d'énergie dans l'étape 1), et vous êtes sur la bonne voie pour accomplir l'étape 2). C'est pour cette raison qu'un leader doit avoir la discipline, de faire le travail difficile de bien réfléchir à un problème afin de les définir correctement. La réflexion de ce type est un travail difficile et, comme Henry Ford lança un jour : « penser est le travail le plus dur qui existe. C'est pourquoi si peu de gens s'y engagent. » Mais un leader n'a pas l'option d'éviter ce travail difficile. En fait, c'est le travail d'un leader.

> *Penser est le travail le plus dur qui existe. C'est pourquoi si peu de gens s'y engagent.*
> – Henry Ford

Qu'elles sont les cinq principaux problèmes qui vous assaillent, vous et/ou votre organisation, en ce moment?

Avez-vous fait travailler fort à réfléchir (continuellement) sur ces questions?

Pour chacun, avez-vous identifié les "racines" du problème derrière les symptômes aggravants?

Consacrez-vous assez de ressources et d'énergie pour lutter contre les symptômes qui apparaissent seulement comme des raisons?

Les problèmes peuvent être résolus si et lorsqu'ils sont correctement identifiés et directement affrontés.

Apprenez à travailler à la "racine" du problème et les feuilles prendront soin d'elles-mêmes.

L'amitié : l'évidence obscure

Regardez dans toutes les boutiques de livres et vous trouverez des milliers de livres sur la façon de faire plus d'argent, des milliers sur la façon d'être plus spirituelle, des centaines sur comment être une meilleure femme et mère et peut-être cinq ou six sur comment être un meilleur mari et père. Cependant, le plus rare de tous et relégué à la plus petite place de l'étagère — l'espace réservé à des titres tels que « L'honnêteté des politiciens » (Honesty Among Politicians) et « Les économies du gouvernement » (Government Thrift), que vous trouviez peut-être occasionnellement un ou deux livres sur l'amitié.

L'amitié.

C'est un mot familier à nous tous. Le simple fait de l'entendre évoque une compréhension immédiate de ce que nous entendons par le terme. Aucune des définitions ne s'impose. Nous comprenons, nous l'avons eu, nous l'avons obtenu et il nous appartient. L'avons-nous vraiment?

Dans ma vie, j'ai eu la chance d'avoir de nombreux amis. Par contre, de plus en plus l'âge avance, je viens de découvrir qu'un véritable ami est une trouvaille très rare dans une vie.

Ce qui passe pour l'amitié, entre la plupart, n'est rien de plus que la familiarité acquise par certaines expériences partagées, l'appartenance ou de la proximité. J'ai eu l'expérience (comme j'en suis certain, à chaque lecteur) de personnes qui prétendaient être des amis ou qui avaient agi comme telle et qui s'est comportée d'une manière désagréable. Je n'en dirai pas plus. Plutôt, j'aimerais me concentrer sur ce qui devrait être les aspects évidents de l'amitié dans une tentative d'éclairer une lumière dans cet étrange genre obscur..

Tout d'abord, l'amitié est une relation mutuellement bénéfique, non officielle, impliquant au moins deux parties. Des amitiés débutent généralement spontanément ou de manière décontractée, s'épanouissent et deviennent plus que des obligations et elles sont construites avec des points communs qui sont découverts, mais tout ne peut pas être en commun : certaines des meilleures amitiés grandissent sans les 'alignements' de caractère complémentaire.

Deuxièmement, l'amitié exige de donner et de recevoir des deux côtés. Aussi longtemps que l'échange maintient une sorte d'équilibre, la relation peut continuer. Quelque chose de trop unilatéral n'est plus l'amitié. Il doit y avoir de la souplesse et de la tolérance, le pardon et la grâce dans les deux directions.

Troisièmement, l'amitié doit être amusante. Après tout, nous pouvons toujours contourner les personnes dont la compagnie nous déplaît. (Insérez n'importe quelle blague ici sur la belle-famille ou le regroupement familial.)

Quatrièmement, l'amitié devrait être relativement facile. Ce n'est pas qu'une bonne amitié ne nécessite pas un entretien et des moments inconfortables parfois (qui peuvent servir effectivement à resserrer les liens de confiance et de respect), mais pour la plupart, les amitiés devraient être une charge agréable dans un monde acharné. Nous avons suffisamment de personnes dans nos vies avec lesquelles nous sommes contraints de maintenir une sorte de relation; nous n'avons pas besoin que nos amitiés soient des sources de contrainte.

Cinquièmement, et peut-être plus important encore, les amitiés ne peuvent exister que sur une base de confiance. De nombreuses relations occasionnelles transportent la plupart des fonctionnalités décrites ci-dessus, mais en fin de compte, les parties ne peuvent pas réellement et totalement avoir confiance les uns envers les autres. Ce n'est pas le cas pour les véritables amitiés. Dans les vraies amitiés, la confiance est une exigence.

Alors, passons en revue ces traits évidents : **mutuellement avantageux, équilibrés, communs, complémentaires, souples, tolérants, indulgents et remplis de grâce, amusants, faciles, confortables et faire confiance.**

Maintenant, si vous souhaitez obtenir une image plus claire de l'amitié dans votre vie, écrivez simplement le nom des cinq personnes que vous considérez comme vos « meilleurs amis ». Réfléchissez à ce sujet. Assurez-vous qu'ils satisfassent à l'ensemble des attributs ci-dessus.

Avez-vous pu trouver cinq personnes qui ont totalement satisfait la liste? Beaucoup de gens ne peuvent pas. Quand nous nous arrêtons vraiment pour considérer les caractéristiques de l'amitié, un concept que nous tenons souvent pour acquis, nous commençons par réaliser à quel point un ami véritable est rare.

Regardez la liste des attributs à nouveau. Maintenant, demandez-vous comment vous seriez satisfait pour quelqu'un d'autre. Qui, pensez-vous, vous mettrait sur leur liste de cinq?

Voulez-vous avoir de meilleurs amis? Soyez un meilleur ami. Comment? En examinant la liste ci-dessus des fonctionnalités et sans oublier d'être ses choses pour une autre personne.

Citations d'amitié anonyme :

Un ami est quelqu'un qui sait tout sur vous et vous aime quand même.

Le meilleur miroir dans le monde est un véritable ami.

De vrais amis sont difficiles à trouver, difficiles à laisser et impossibles à oublier.

Un véritable ami est quelqu'un qui pense que vous êtes un bon camarade
même lorsque vous êtes à moitié craqué

Un ami vous aidera à déménager, mais un véritable ami vous aidera à déménager un corps.

« La plupart des gens ont des problèmes avec l'intégrité parce qu'ils ne peuvent pas tenir leurs propres promesses,et encore moins celles qu'ils font aux autres. »

« Dire à une personne de chercher un bon emploi sécuritaire serait comme dire à un lion dans la jungle de chercher un beau zoo sécuritaire. »

SAVEZ-VOUS CE QUE VOUS ESSAYEZ D'ACCOMPLIR AUJOURD'HUI OU ÊTES-VOUS TOUT SIMPLEMENT EN TRAIN DE FONCER VERS L'AVANT?

LA LIBERTÉ RUINE UN HOMME POUR L'ESCLAVAGE POUR TOUJOURS.

« J'ai été témoin en deux minutes de mots d'encouragements qui ont changé la vie d'une personne. Malheureusement, j'ai été témoin de paroles décourageantes qui ont fait de même. »

« 90 % de l'excellence est atteinte avec seulement 10 %. 10 % de l'excellence exige 90 % d'efforts, mais produit 90 % des résultats. »

LES LEADERS NE PEUVENT QUE S'ATTENDRE À CE QU'ILS EXAMINENT.

GRÂCE À LA DÉCADENCE, LA POURSUITE DU SUCCÈS OFFRE PEU DE BARRAGES ROUTIERS; ESSAYEZ CEPENDANT DE RÉUSSIR À QUELQUE CHOSE DE DIGNE ET FAITES ATTENTION!

« La plupart des dons sont temporaires et au fil du temps disparaissent; les voitures rouillent, les vêtements déchirent, les diamants peuvent être perdus, mais les idées changent des vies à jamais. »

« Le fait que ceux qui vous entourent cèdent leurs rêves ne signifie pas que vous devriez céder les vôtres. »

C'est vraiment incroyable, à quel extrême les gens sont prêts à aller pour justifier leurs propres inconduites ou leur manque de performances.

Je suis aussi convaincu qu'une personne ne devrait jamais essayer d'écrire un livre d'histoire sans y inclure au moins une carte!

CEUX QUI ATTRIBUENT DES MOTIFS VS CEUX QUI DONNENT LE BÉNÉFICE AUX SCEPTIQUES

Avez-vous déjà considéré ce que nous entendons lorsque nous disons : « Il semble être un type plutôt bien. » Est-ce que cela signifie qu'il a de bonnes manières, qu'il est gentil, chaleureux, amical et facile à comprendre? Fort probable. Est-ce que cela veut aussi dire qu'il est lent à la colère et prompt à rire? Aussi probable.

Permettez-moi d'ajouter un autre aspect au mélange de ceux que nous considérons comme « gentils ». J'ai l'impression qu'il y a une petite différence subtile dans le comportement des peuples et elle implique un choix dans la façon d'interpréter les actions des autres personnes. Voici ce que je veux dire.

Vous êtes dans le trafic, pressé de vous rendre quelque part et soudain, un conducteur qui roule très lentement sort devant vous sans se soucier de rien. Clairement à un autre rythme que le vôtre, il vous oblige à vous asseoir en attendant le feu rouge que vous auriez autrement réussi à vous éviter et, peu importe comment vous essayez, vous ne pouvez pas le contourner. Comment réagissez-vous? Est-ce que vous êtes emportés par une rage et vous commencez à réciter les démérites de leurs ancêtres? Est-ce que vous vous en moquez et vous prenez les choses comme elles viennent, en réalisant que vous ne pouvez pas faire grand-chose pour modifier leur rythme? Réagissez-vous quelque part entre les deux? Vous pourriez conclure : « Ils le font exprès! » Vous pensez : « Ils sont sortis droit devant moi juste pour me contrarier! » Peut-être que votre réaction dépend des circonstances de votre journée, votre humeur et la position respective de la lune par rapport à votre belle-mère. Ceci est compréhensible. Permettez-moi d'arriver enfin à mon point, qui est ceci : lorsque vous êtes confrontés à un comportement frustrant (pour vous, du moins) de la part d'une autre personne, agissez-vous généralement en :

1) leur donnant le bénéfice du doute, ou
2) attribuant un motif pour leur comportement ?

Votre réponse à cette question, je crois, a beaucoup à voir avec la question de savoir si les gens vous considèrent comme « gentil » ou autre.

Vous pourriez dire ou penser : « Ce crétin a fait cela par exprès! » ou « Il a fait ceci… qui signifie que… et il savait très bien que…. » ou « il aurait dû faire ceci s'il voulait que je… » ou « je sais ce qu'il voulait vraiment dire par cela, » et la liste d'exemples continue.

Certaines des personnes les « plus gentilles » que je connaisse, qui sont par conséquent devenues mes grands amis, sont des gens qui semblent généralement choisir la réponse numéro 1). Ils sont lents à attribuer un motif illicite du comportement d'autrui; ils démontrent un niveau de patience avec les actions des autres personnes et ils sont lents à porter un jugement. D'autres, avec lesquels j'ai parfois été temporairement associé, semblent principalement choisir la réponse, 2) dans lesquels ils attribuent automatiquement des motifs et des raisons du comportement d'autrui. Ces motifs sont rarement positifs. C'est comme s'ils pensent qu'ils ont une clairvoyance incroyablement aiguë, qui leur permet à la fois de comprendre les raisons pour le comportement d'une autre personne (lorsque cette personne ne peut même pas vraiment comprendre son propre comportement!) et de tirer des conclusions à partir de ce comportement qui reflètent des conséquences plus larges. « Il fait cela parce que bla-bla-bla et cela ne peut que signifier qu'il pense bla-bla-bla. »

Notre société est en fait assez raffinée. Il est difficile d'échapper à un comportement qui est trop impoli ou ouvertement odieux. Par conséquent, de nombreuses personnes ont appris à protéger un peu leurs idées « d'attribuer des motifs. » Ils apparaissent doux et aimables à l'extérieur, mais à l'intérieur, ils attribuent des motifs à un niveau de classe mondiale. Cela conduit à un comportement agressif, passif, boudant, faisant la moue, coupant les lignes de communication, transportant des rancunes et toute une foule d'autres comportements enfantins. Malheureusement, à la fin, ils se font mal eux-mêmes. Leur vie est une longue et triste histoire de relations brisées et d'amitiés cassées. Comme le dit l'adage, l'amertume est une pilule de poison ingérée en espérant blesser l'autre personne.

Les bénéfices des sceptiques, d'autre part, sont désarmants. Plus vous les fréquentez, plus vous êtes à l'aise. Vous devenez de moins en moins gênés, moins effrayés d'être authentiques et craignez moins de faire des erreurs. On commence à comprendre que même si vous faites une erreur, vous devrez probablement accorder le bénéfice du doute et tout ira bien de toute façon. En fait, lorsque vous creusez suffisamment dans le processus de la pensée d'un sceptique, vous vous apercevrez qu'ils "attribuent" des motifs, aussi. C'est juste qu'ils tendent à vous attribuer des motifs positifs plutôt que des négatifs! Nous pouvons vraiment parler de « gentil! » Qui ne voudrait pas être avec quelqu'un qui voit tout d'abord, même instinctivement, le meilleur en nous suite à toutes nos actions?

Comme vous considérez ces deux types de personnes, j'imagine que des noms ont tout de suite apparu dans votre tête de ceux qui correspondent à chacune de ces catégories. Je sais, il est difficile de ne pas le faire, mais la classification des personnes de cette façon est presque aussi mauvaise que l'attribution de motifs impurs à leur comportement! Cessez donc (et je vais essayer d'arrêter, aussi!). Au lieu de cela, prenez le côté constructif de ce message et analysez votre propre comportement. Avez-vous tendance à attribuer des motifs ou donnez-vous le bénéfice aux sceptiques? Qu'est-ce que vos cinq plus proches amis et/ou membres de votre famille auraient à dire à votre sujet?

Ça vaut la peine d'étudier vos réponses. Si vous n'aimez pas la réponse, changez!

Si vous ne le faites pas? Eh bien, cela signifie simplement que vous êtes un mauvais perdant qui attribue des motifs à des gens parce que vous avez une dent contre les autres en ayant du mal à accepter cette fois que vous m'avez demandé... ah, laissez tomber. Je sais pourquoi vous avez fait ce que vous avez fait et je ne veux plus vous parler.

« Les tyrans épargnent le dominé et font la guerre avec le fier. »

« Les meilleurs leaders bâtissent l'espoir dans leurs équipes, mais bâtissent aussi un plan réalisable pour concrétiser cet espoir. »

POUR DÉCOUVRIR LE VRAI SYSTÈME DE VALEURS DE QUELQU'UN, INFORMEZ-VOUS DE CE QU'ILS NE SONT PAS DISPOSÉS À RENONCER DANS L'INTÉRÊT DE LEURS PRINCIPES.

JE SOUPÇONNE QUE LA PEUR DE LA RÉUSSITE EST EN FAIT SUPÉRIEURE À LA PEUR DE L'ÉCHEC.

« Le compromis avec la vérité conduit finalement à une situation encore pire, même si à l'époque il ressemble souvent à un moindre mal. »

« Un leader doit mener en vérité (une vision optimiste de la vérité) ou il ne mène pas, mais ment. »

IL EST PLUS IMPORTANT D'ÊTRE INSTRUIT QUE D'ÊTRE RAPPELÉ.

LA PLUPART D'ENTRE NOUS MÈNENT DEUX VIES : CELLE QUE NOUS VIVONS ET CELLE QUE NOUS SOUHAITONS VIVRE. LES PLUS HEUREUX D'ENTRE NOUS EN ONT UNE.

"L'AUTO-ILLUSION EST TRÈS ÉNERVANTE POUR MOI. JE SUIS HEUREUX QUE JE N'AIE PAS PERSONNELLEMENT.."

"LE CONCEPT DE L'AMÉLIORATION HUMAINE INÉVITABLE À TRAVERS DES PROGRÈS SOCIÉTAUX EST TERRIBLEMENT NAÏF."

« Des problèmes non résolus à l'intérieur d'une personne arrêtent plus souvent le succès que les problèmes à l'extérieur d'une personne. »

« L'effort donne sens à la vie. Pourquoi luttez-vous ? »

L'excellence engendre l'excellence

« Il est chanceux », disent-ils. « Il a eu quelques coups de chance », disent d'autres. « Oui, il connaissait les bonnes personnes ». « En plus, il était à la bonne place au bon moment. » Ce sont les excuses que des gens font bruyamment au sujet d'autres personnes qui ont réussi. Pire encore, ce sont ces processus dans la manière de pensée dont achètent les gens sans discernement lorsqu'ils sont confrontés aux bons résultats des autres. Comme ils le disent, la pire excuse est celle que vous vendez vous-même.

Pourquoi sommes-nous tellement rapides à justifier les réalisations extraordinaires? Pourquoi notre réaction instinctive est-elle de minimiser l'importance des grandes réalisations comme un caprice ou un cadeau réservé à quelques personnes précieuses? Peut-être que nous avons mal assimilé comment les choses fonctionnent. Nous n'avons peut-être pas reçu le bon enseignement au sujet du jeu du succès. Il est possible que nous n'ayons pas bien approfondi nos hypothèses. Toutefois, ces mauvaises réponses à la réalisation supérieure sont fort probablement enracinées dans le fait que la performance des autres semble diminuer nos propres réalisations. Nous essayons de trouver une explication qui nous enlève la pression et nous en trouvons une à la portée de la main dans la culture actuelle qui nous entoure. La médiocrité est vénérée; la décadence est déguisée en la créativité et la paresse est le nouveau « cool ». Les gens qui s'efforcent pour réaliser de très hauts rendements et de l'excellence sont des phénomènes ou des traîtres.

La vérité, toutefois, est une chose agaçante. Elle ne semble pas céder la place aux modes, à la paresse, à la culture actuelle, aux excuses, à la colère ou aux fausses doctrines. Elle se tient debout la tête haute à travers tout cela. La vérité au sujet de la meilleure réalisation et le succès est qu'ils surviennent pour une raison, par le grand engagement et la persévérance des individus qui ont choisi la voie la plus difficile. Autrement dit : une grande réalisation est méritée.

C'est une mauvaise nouvelle pour une personne cherchant une excuse ou souhaitant expliquer son propre manque de succès. Au contraire, ceci devrait toutefois être libérateur pour la personne qui a un grand rêve! La formule est disponible à quiconque et la voici :

> *La dure vérité est que si nous voulons des résultats significatifs, des efforts importants seront nécessaires.*

Travail acharné x travail intelligent (l'entraînement) x temps = haut rendement et sens important

Veuillez constater que cette équation ne parle presque pas du talent, des contacts ou des coups de chance. Ces choses peuvent donner un coup de main au sujet des points de départ, mais n'ont pratiquement rien à voir avec une fin au sommet.

Le premier élément, un travail acharné, est un élément inévitable de succès. Il ne peut tout simplement pas être évité ou ignoré. La dure vérité est que si nous voulons des résultats significatifs, des efforts importants seront nécessaires. Curieusement, celui-ci n'est toutefois pas aussi difficile pour les gens à encaisser. Tout le monde semble savoir que travailler dur est une

112

grande partie du succès. Ce qui est oublié, c'est que le travail dur n'est pas une fin en soi; il doit être jumelé avec un travail intelligent. Il s'agit d'effort déployé vers l'amélioration laborieuse et intentionnelle. Il n'est pas facile, rarement plaisant et n'est pas productif tant qu'il n'est pas mélangé avec l'élément final, le temps. Le temps est le grand amplificateur. Il reçoit les entrées et les multiplie dans quelque chose de toute évidence plus grand que la somme des parties. Des actions intentionnelles, axées sur l'amélioration, capitalisées sur une certaine période de temps. À l'inverse, de mauvais choix se capitalisent également au fil du temps. Ce que nous faisons dans nos « petits moments » se transformera en grands résultats au fil du temps.

Ces trois éléments expliquent les plus grandes réalisations de l'humanité. Ils sont les outils de la maturité, réservés aux individus engagés à maximiser leurs dons et à faire une différence dans ce monde. Ils sont utilisés au mieux par une adhésion aux principes de l'excellence dans la pensée et dans l'acte.

Alors, maintenant nous avons fait le tour complet. L'excellence est le résultat de l'excellence. D'excellents résultats proviennent d'excellente contribution. L'excellence dans la pratique, la préparation, l'engagement, l'effort, l'attitude, les relations, l'établissement des objectifs, l'exécution, les mesures, les analyses, l'amélioration et la persévérance produit de l'excellence dans ces résultats.

Rêvez-vous d'excellents résultats dans votre vie, votre carrière, vos affaires, votre mariage, votre maison, votre église ou votre art? Donc, faites le travail ardu d'adhérer aux principes de l'excellence dans tout ce que vous faites. Relevez vos normes. Faites de l'excellence la pierre angulaire de la vie que vous construisez. Placez-le au centre de votre culture personnelle. Et, ne vous inquiétez pas à propos de la concurrence. Si vous mettez vraiment l'accent sur l'excellence, il n'y aura pas beaucoup de concurrence.

LIFE

« Toutes les personnes connaissent des défaillances dans la vie. Les gens qui ont réussi apprennent d'eux; les gens qui échouent abandonnent. »

« Certaines personnes disent qu'elles doivent voir pour croire, mais les leaders doivent y croire pour le voir. »

« LES BONS LEADERS ONT UNE INFLUENCE PARCE QU'ILS ONT DU CARACTÈRE, OBTIENNENT DES RÉSULTATS, PARTAGENT LE CRÉDIT ET ACCEPTENT LE BLÂME. »

« LES BONS LEADERS ONT DE L'INFLUENCE ET LES AUTRES SE LAISSENT PRENDRE DANS LEUR CAUSE. »

« Le succès est métaphysiquement illustré par l'esprit avant qu'il soit accompli par les efforts physiques du leader. »

« Lorsque vous décidez d'être un des 5 %, les 95 % des gens seront en désaccord avec vos choix. »

❝LES BONS LEADERS ONT DE L'INFLUENCE, PARCE QUE LES GENS SE LAISSENT EMPORTER PAR LEUR VISION.❞

❝LES BONS LEADERS ONT DE L'INFLUENCE, PARCE QUE LES AUTRES ADHÈRENT EN EUX EN TANT QUE PERSONNES.❞

Les aimables « passeurs par l'arrière »

Les équipes sont indéfiniment intéressantes parce qu'elles sont composées de personnes. Les gens, comme nous qui apprendront tout au long de notre vie, sont d'une complexité inouïe. Tout d'abord, nous devons travailler avec les deux sexes. Puis, nous devons traiter avec ceux qui sont célibataires et ceux qui sont mariés, ceux qui ont déjà été veufs et ceux qui ont déjà été divorcés, ceux qui ont des enfants et ceux qui n'en ont pas. Puis, nous nous apercevons que les gens viennent de différentes cultures, parlent différentes langues et adorent de manières différentes. Nous avons également découvert qu'il existe de différents types de personnalité ou de tempérament. Aussi, ils nous ont dit qu'il existe différents « langages d'amour » naturels. Puis, il y a les jeunes, les personnes âgées et le reste d'entre nous entre les deux. En outre, il y a ceux qui aiment les Patriotes de la Nouvelle-Angleterre et ceux qui ne les aiment pas. Par contre, il y a une autre variation parmi les individus que je trouve digne de mention et c'est celle-ci : la manière dont ils se comportent dans leurs relations avec les autres.

Travailler avec d'autres personnes requiert une compétence particulière. Il requiert d'avoir une maturité émotionnelle, de la patience, de l'acceptation d'autrui et de leur point de vue, de la souplesse, de l'habilité à écouter, un certain degré d'humilité, l'habilité d'influencer et la nécessité de s'excuser de temps en temps. Certaines personnes ont tendance à se faire tasser dans un groupe, tandis que d'autres ont tendance à tasser. Les interactions varient selon l'une des combinaisons des facteurs infinis décrits dans le premier paragraphe ci-dessus. Par contre, il y a une tendance, appelez-le un attribut si vous voulez, qui est extrêmement destructeur pour l'interaction humaine et certainement pour le fonctionnement d'une équipe. Certains l'appellent le comportement « passif agressif », mais lorsqu'on lit les définitions cliniques et les opinions professionnelles associées à ce terme, il ne définit pas tout à fait ce que je suis en train de discuter ici. Non. Pour nos besoins, nous devrons inventer un nouveau terme. Appelons-le :

LES AIMABLES QUI « PASSENT PAR L'ARRIÈRE »

Que veut exactement dire « les aimables qui passent par l'arrière »? C'est le comportement d'une personne qui est aimable en public, mais acide en privé. Il ou elle ne saura pas confronter la personne avec qui il ou elle a un problème, mais en parlera aux autres plus tard. Les aimables qui passent par l'arrière sont passés maîtres dans l'art d'impliquer ceux qui ne font pas partie du problème ni partie de la solution. Ils élargissent le cercle, pour ainsi dire, amplifiant le problème. Ils jettent l'essence sur une étincelle au lieu de l'eau. Ce type de personne évite les conflits et est enclin aux commérages. Il ou elle ne traite pas les problèmes de front et ouvertement, mais passera plutôt « par l'arrière », en essayant de mettre en place une coalition de gens qui « sont de leurs avis » à travers les campagnes de chuchotements dans l'ombre des couloirs. Ces personnes sont de nature politique : ils jouent à des jeux et ils gardent le compte. Ils sont émotivement blessés, sont rancuniers, se boudent, et s'attribuent des intentions du comportement d'autrui. Les aimables passeurs par l'arrière peuvent avoir de bonnes premières impressions, mais ils sont habituellement affectés par un chemin remplit d'épaves relationnelles qui les suit.

Comment pouvez-vous identifier ce comportement? Voici quelques signes :

1. « Hé, puis-je vous parler après la réunion? »
2. « Je ne voulais pas dire cela pendant la rencontre, mais... »
3. « Êtes-vous d'accord avec ce qu'a dit Bob? Je ne suis pas tellement sûr. . . »
4. « Pouvez-vous garder un secret? »
5. « J'adore Bob à mort, mais... »
6. « Je ne l'ai pas dit à Bob, mais... »
7. « Bob est un gars formidable, il a de grandes qualités, c'est juste que... »
8. « Je ne pense pas que Bob ait conscience des sentiments que nous éprouvons. . . »
9. Le « "supplice" du silence »
10. Agissant comme si tout va bien en public lorsqu'ils ont dit des choses négatives en privé.

Il est important de comprendre ce type de comportement parce que les aimables passeurs par l'arrière apparaissent presque partout dans des groupes de personnes qui travaillent ensemble. Rare est l'équipe ou l'organisation qui n'en a pas au moins un d'établi dans un poste d'influence. Toutefois, afin d'avoir une équipe hautement fonctionnelle, les aimables passeurs par l'arrière ne peuvent pas être permis. Autrement, les frictions se développeront, les relations seront endommagées, des jeux politiques seront joués et ce qui se passe « dans les coulisses » l'emportera sur tout ce qui se passe à découvert.

Alors que faites-vous si votre organisation, votre équipe, votre groupe de travail ou (avalé avec difficulté) votre famille a quelqu'un ou plusieurs « quelqu'un » qui démontrent un comportement d'aimables passeurs par l'arrière?

1. Affronter la situation, avec amour.

2. Présentez des lignes directrices claires de comportements acceptables, mais aussi pour ceux qui ne seront pas tolérés. Assurez-vous que l'ensemble de l'équipe comprenne ce qui est attendu de leurs parts.

3. Priez pour la personne ayant commis l'infraction et pour un esprit doux en vous-même pendant que vous vous adressez à lui ou à elle.

4. Si un comportement destructeur persiste, sortez l'individu de l'équipe ou du groupe. Ceci sera souvent difficile, mais absolument nécessaire. Une équipe dysfonctionnelle n'est par une équipe du tout. Dans certains cas, vous aurez tout simplement à vous dissocier avec la personne.

5. Vérifiez votre propre comportement et assurez-vous que votre exemple est plus qu'irréprochable. S'il ne l'est pas, excusez-vous et demandez pardon.

Si vous n'avez jamais eu le privilège de travailler sur une équipe de haut niveau de fonctionnement, sachez qu'il y a peu de situations plus amusantes et excitantes ou plus productives. Par contre, une telle situation peut être complètement ruinée par une personne avec ce mélange dangereux de fierté et de lâcheté : l'aimable passeur par l'arrière. Comme un peu d'arsenic dans un mélange de carrés au chocolat, ça n'en prend pas beaucoup pour ruiner la chimie d'une équipe.

Voilà. Vous ne pouvez pas dire que vous n'avez pas été prévenus. (Il suffit de ne rien dire à personne qui vous l'a dit. C'est un secret entre vous et moi. J'aime ces autres personnes à mort, mais...)

> « Être occupé et désœuvré sont les deux côtés de la même médaille : le désordre. Un vrai repos n'est pas le désœuvrement, mais la restauration. »

> « L'inquiétude est le processus qui implique d'essayer de réparer les choses qui ne sont pas encore cassées »

« Les excuses sont inutiles, sauf pour prévenir la réussite. »

« L'optimisme est sous-évalué dans l'arène de la réalisation. »

« Les leaders aident à répandre la vérité sans l'encombrer avec "eux-mêmes". »

« Les gagnants pensent comme des gagnants même lorsqu'ils sont sur le point de perdre. »

« Êtes-vous un esclave de l'argent ou est-ce l'argent qui est votre esclave? »

« Un leader doit se concentrer à donner plus qu'il reçoit dans chaque relation. »

LES BONS LEADERS ONT DE L'INFLUENCE, CAR LES GENS VEULENT LES SUIVRE.

LA LIBERTÉ DE FAIRE CE QU'ON VEUT FAIRE (EST APPELÉ À FAIRE) À TITRE PROFESSIONNEL EST UNE BÉNÉDICTION EN EFFET!

« Quand votre esprit subconscient le voit, votre esprit conscient le fait et vous l'obtenez. »

« Si vous rendez soulever les autres une habitude, ils créeront l'habitude de vous soulever, créant une culture gagnante gagnante. »

TANDIS QUE NOUS NE POUVONS CERTAINEMENT JAMAIS TOUT SAVOIR, NOUS POUVONS AU MOINS APPRENDRE CE QUE NOUS DEVONS SAVOIR POUR RÉUSSIR.

QUAND IL S'AGIT DE PRENDRE UN RENDEZ-VOUS, ASSUREZ-VOUS QU'IL EST SOLIDE. UN RENDEZ-VOUS LÂCHE N'EST AUCUN RENDEZ-VOUS.

Bien soigner et alimenter des éléphants

Ceux qui réussissent vraiment **visualisent des résultats couronnés de succès avant de les concrétiser**. Les athlètes, les vendeurs, les musiciens, les propriétaires d'entreprises et d'autres personnes comprennent la force de la vision. L'habileté de l'esprit subconscient de diriger une personne vers sa vision dominante est peu connue et rarement exploitée dans la population. Pour réussir, apprendre à nourrir la vision de l'avenir à l'esprit subconscient n'est pas un bon petit ajout : c'est une nécessité absolue. L'athlète de classe mondiale et auteur, Vince Poscente, a écrit au sujet de la différence entre l'esprit conscient et subconscient dans son livre, *La Fourmi et l'éléphant (The Ant and the Elephant)*. Il déclare que dans une seconde de réflexion, l'esprit conscient stimule deux mille neurones, tandis qu'imaginer une image pendant une seconde, l'esprit subconscient stimule quatre *milliards* de neurones. C'est littéralement deux millions *fois* plus de neurones stimulés dans l'esprit subconscient que le conscient en seulement *une seconde* d'activité! Poscente a appelé l'esprit conscient « la fourmi » et l'esprit subconscient « l'éléphant ». Albert Einstein a dit : « L'imagination est plus importante que la connaissance. » Ces concepts ne sont pas nouveaux, ils sont malheureusement rarement appliqués.

> *La plupart des hommes vivent des vies de désespoir silencieux.*
> – Henry David Thoreau

Henry David Thoreau, croyant que peu de gens atteignent ce qu'ils rêvent, a écrit : « La plupart des hommes vivent des vies de désespoir silencieux. » Malheureusement, ceci représente un vrai portrait de la vie de plusieurs, mais il n'est pas nécessaire qu'il en soit ainsi. Changer une habitude essentielle peut faire toute la différence. Nourrir l'éléphant est la clé du succès.

J' (Orrin) aime imaginer que brider ou discipliner son éléphant est comme contrôler l'entrée des pensées subconscientes. Nous pouvons l'appeler « contrôler l'alimentation de l'éléphant ». Ensuite, l'éléphant doit être aligné avec la pensée logique de l'esprit conscient ou la fourmi. Si l'éléphant et la fourmi se déplacent dans la même direction, la fourmi peut monter sur le dos de l'éléphant et avancer jusqu'au succès. Par contre, s'ils ne sont pas alignés, une guerre civile est déclenchée dans le cerveau qui conduit à l'indécision et à l'inaction.

Cette illustration est peut-être un peu absurde, mais elle peut aider à comprendre ce point. Si nous devions aller dans la jungle et nous devions choisir entre une fourmi et un éléphant comme ressources, personne ne monterait une fourmi en disant que c'est le moyen de transport de prédilection. Laissant l'éléphant en arrière, en s'attendant à ce que la fourmi transporte tout, serait éreintant pour la fourmi et malheureux pour le cavalier. Un meilleur plan consisterait à choisir l'éléphant et ensuite, bien le nourrir pour le voyage. Cette « nourriture » impliquerait probablement de concevoir l'image d'une oasis lointaine, encourageant l'éléphant à vouloir foncer vers l'avant, l'encourageant ainsi à transporter la fourmi et le cavalier tout au long du chemin vers la réussite.

Cette analogie représente un plan logique pour permettre d'utiliser la totalité du cerveau pour atteindre les buts dans la vie et pas seulement la partie consciente et logique de l'esprit. Dans des applications réelles, pour réaliser cette technique, elle nécessitera aussi du travail, de l'effort et de la volonté, mais en alignant la fourmi et l'éléphant, la guerre civile de l'esprit est terminée et les conditions du succès massif ont été créées. Ce n'est ni les conditions de départ d'une personne, ni les circonstances extérieures, mais cette guerre civile à l'intérieur de l'esprit qui court-circuite la réalisation. Nourrir la fourmi et l'éléphant est définitivement un travail intérieur; activer l'éléphant avec une image d'un avenir meilleur peut mettre fin à la guerre civile. Une bonne alimentation met fin au temps perdu et à la frustration vécue en conduisant la fourmi.

> *Si l'on ne nourrit pas son éléphant, quelqu'un ou quelque chose d'autre le fera.*

Une autre pensée au sujet de soigner et d'alimenter les éléphants est qu'ils refusent de mourir de faim. Cela signifie que si l'on ne nourrit pas son éléphant, quelqu'un ou quelque chose d'autre le fera. Considérons les médias d'aujourd'hui et les tempêtes d'images qui nous sont continuellement imposées. Chaque publicité de produits est orientée vers l'éléphant. Les annonces publicitaires ne donnent pas les listes de fonctions, des caractéristiques et des avantages à la fourmi, mais nourrissent plutôt les éléphants avec des images attrayantes de la réussite en utilisant leurs produits. Les annonces publicitaires passent par-dessus les fourmis et nourrissent les éléphants en créant des besoins avec des images qui les hypnotisent encore et encore. En conséquence, les gens achèteront souvent des choses qu'ils n'ont pas vraiment besoin, sans même comprendre l'influence qui est derrière leurs actions. N'oubliez pas : les gens prennent des décisions avec leurs émotions (en passant par la force de l'éléphant) et le raisonnent par la suite (avec la logique de la fourmi).

Lorsque j'étais un enfant, j'adorais regarder n'importe quel sport télévisé chaque fois que je le pouvais. J'ai certainement vu des milliers d'annonces publicitaires pour la bière au cours de ces années. « À bon goût — légère » et d'autres slogans sont encore dans ma tête, même si je n'ai pas vu ces annonces publicitaires depuis très longtemps. Toutes les annonces de bières nourrissent les éléphants et non les fourmis. Imaginez une publicité pour la bière où l'on explique les détails complexes du ratio de l'eau gazéifiée, de l'orge et du houblon. Une publicité d'une bière adressée à la « fourmi » expliquerait comment l'alcool empêche l'oxygène de circuler au cerveau, causant ainsi une altération de la pensée et de la motricité. Au lieu de cela, la publicité pour la bière transmet des images qui nourrissent nos éléphants. Elles projettent des vidéoclips d'un homme ouvrant une canette de bière et puis, soudainement, comme par magie, des femmes en bikini apparaissent tout autour de lui. Rationnellement, les hommes savent que ce n'est pas la réalité (du moins pour la plupart d'entre nous), mais l'éléphant a reçu ces instructions et fonce acheter de la bière de toute façon. Les gens peuvent initialement résister à l'influence, mais l'exposition constante qui alimente l'éléphant petit à petit fait qu'éventuellement, l'éléphant court vers la vision. Si ce n'était pas une technique efficace, il est peu probable que les publicitaires continueraient de payer autant d'argent pour faire jouer leurs publicités. Je me souviens du jour où j'ai commencé à prendre une habitude fondée sur de telles annonces publicitaires : après avoir terminé un jeu de basket-ball intramural, je me suis dirigé vers la taverne avec les gars pour une bonne bière « froide ». Ce n'est que des années plus tard que je me suis aperçu que quelqu'un avait programmé mon éléphant et que je réagissais en conséquence.

Le fait est, un éléphant va charger. La seule question est de savoir qui va lui donner sa direction. Assurez-vous que votre éléphant est nourri et qu'il soit seulement nourri avec la meilleure nourriture! Bienvenue dans la jungle.

LE SUCCÈS EST ACCESSIBLE LORSQUE VOUS DÉCIDEZ DE DISCIPLINER VOTRE ÉLÉPHANT AVEC VOS RÊVES AUTANT QUE VOUS DISCIPLINEZ VOTRE FOURMI AVEC VOS RESPONSABILITÉS.

« Les gagnants gèrent leurs frustrations tandis que les perdants succombent à celles-ci. »

« Les gens pardonnent le manque de compétence du leader beaucoup plus rapidement qu'ils ne pardonnent le manque de caractères. »

Ce que vous faites quotidiennement fait partie de ce que vous devenez perpétuellement.

La vraie richesse réside dans la découverte que vous pouvez être heureux avec si peu.

« Beaucoup savent quoi faire, mais les gagnants font ce qu'ils savent faire. »

« Le succès engendre plus de succès jusqu'à ce qu'il engendre de l'orgueil, de l'oubli et enfin de l'échec. »

La vie dépend des moments marquants. Notre comportement en ces moments démontre ce que nous faisions avant que la pression monte.

« La majorité des gens échouent financièrement parce qu'ils suivent l'avis de la majorité du monde. »

« Nous pouvons apprendre plus à partir des erreurs des grands penseurs que des exactitudes des esprits ordinaires. »

125

La leçon du double saut

Pendant mes folles années de jeunesse, j'ai été envahi par une grande obsession. Elle envahissait mon esprit le matin, l'après-midi, le soir et la nuit. Mon tee-shirt à cette époque disait : Je mange, bois, dors, marche, parle, respire et ne vis que pour des motocyclettes; plus précisément, le motocross.

C'était un peu avant la mode de l'« X-game »; à l'époque où conduire un motocross signifiait faire de la vitesse autour d'une piste plus que des trucs dans les airs. Pourtant, les obstacles d'une piste typique offraient de bons défis et nécessitaient toutes sortes de manœuvres aériennes pour compétitionner efficacement. Le principal d'entre eux était quelque chose que nous appelons le « double saut » (et son cousin, le « triple saut », fonctionnant à peu près de la même manière).

Le concept est simple. Deux sauts sont séparés d'une bonne distance l'un de l'autre. Le

moyen le plus rapide de négocier cette partie de la piste est d'attaquer le premier saut et de franchir le deuxième, idéalement en atterrissant sur la pente descendante du second. Ce processus est appelé « le doublage ». Lorsqu'il y avait une piste qui avait un saut double, nous devions faire le "doublage" si nous voulions être parmi les meilleurs cavaliers et donc avoir une chance de remporter le trophée, les droits de se vanter et d'obtenir l'adoration des « filles gravitant autour du monde de motocross ». Frapper les deux sauts individuellement était lent et carrément gênant. Rien de tel que de stimuler toutes les endorphines qu'un adolescent peut avoir, tout en contrôlant une machine de course de grandes précisions seulement pour avoir un tel autre adolescent survoler dans les airs au-dessus de vous. Juste y penser peut encore me tenir éveillé toute la nuit. Par ailleurs, le doublage signifiait voler beaucoup plus haut et plus loin dans l'air, et bon, juste cela en valait la peine.

Nous avons donc (mes amis et moi) dû apprendre à doubler. Nous nous sommes vraiment investis dans ce projet. Chaque jour, après l'école nous saisissions nos pelles et allions à notre circuit d'entraînement derrière la maison des Johnson de l'autre côté de la rue. Nous lancions des pelletées après pelletées jusqu'au moment où nous avions finalement construit une réplique assez juste de ce que nous avions vu sur les pistes officielles pendant les week-ends.

Et bien sûr, nous avons couru à toute allure pour être le premier à l'essayer.

Tout change la première fois que vous vous approchez d'un double saut. Le terrain menant à lui est le même, mais pendant tout ce temps, vous êtes conscient du défi à l'horizon. Quelque part au fond de votre esprit, la tâche qui vous attend est comme un nuage épais sur le reste de la piste. Le fait que vos amis vous regardent la plupart du temps n'aide pas, toujours prêt à rire, à pointer, à railler ou à appeler une ambulance, la combinaison est vraiment celle qu'ils jugent appropriée ce jour-là. Enfin, le saut arrive au prochain tournant. Vous avancez sur la piste maladroitement, réalisant le pire virage de cette section de votre vie. Vous devenez de plus en plus nerveux. Vous avez un picotement dans votre gorge. Votre cœur bat fort dans votre poitrine. Votre respiration ralentit et devient superficielle. Ensuite, vous l'atteignez : le point de non-retour. C'est à ce moment où vous poussez la manette des gaz à fond en vous engageant totalement ou vous vous dégonflez et reculez, cherchant désespérément un prétexte plausible pour votre lâcheté. C'est à cet instant que vous découvrez ce dont vous êtes capable, que vous apprenez si vous avez ce qu'il vous faut pour vous pousser au-delà de vos limites, que vous découvrez si vous avez le courage. Votre audace (ou son absence) est maintenant publique, votre folie confirmée ou niée et habituellement, vous franchissez largement l'obstacle!

« Ce n'était pas si mal! » est la réponse normale. La partie la plus difficile était vraiment de décider de le faire; de pousser la manette de gaz à fond à ce moment critique de non-retour et de vous raccrocher comme si votre vie en dépendait.

Après un saut réussi, vous êtes alors qualifié pour « encourager » les autres à le faire également, avec des répliques utiles comme « Allez, trouillard, ce n'était rien! »

Cependant, parfois l'histoire se raconte un peu différemment. Au moment où ça compte, où il n'y a aucun retour possible, où nous devons totalement nous engager à sauter le double, certains hésitent, ils font marche arrière ou font le peureux. Cela se produit habituellement lorsqu'il est officiellement trop tard pour revenir en arrière, lorsque la vitesse est trop élevée pour réaliser chaque saut individuellement en toute sécurité, mais pas suffisamment élevée pour réellement franchir le deuxième. Le résultat n'est pas joli. Le terme pour ceci est de « casing (ne pas embrasser) » le deuxième saut. Normalement, lorsqu'un motocycliste réduit sa vitesse soudainement en panique et frappe le premier saut, l'arrière de la moto monte d'une façon menaçante tandis que le devant s'enfonce comme une pierre. Cette combinaison — tout en le lançant dans les airs vers le deuxième saut — suffit pour terrifier n'importe qui. C'est une manœuvre qui peut également causer de graves blessures corporelles. Visionnez n'importe quels vidéos YouTube de cet événement pour voir ce que je veux dire. C'est catastrophique et entièrement causé par l'hésitation du motocycliste. Dans la plupart des cas, s'il (ou elle) avait tout simplement tenu son engagement à faire le double et ne s'était pas retiré ou n'avait pas hésité, tout se serait bien passé. Par contre, la logique est incompréhensible lorsque la crainte surgit.

Cette petite leçon des dynamiques du motocross est plus que des souvenirs du bon vieux temps, c'est une métaphore pour la vie. Pendant le reste de notre vie, nous serons confrontés à de nombreux « sauts doubles » figuratifs. Ce qui était auparavant normal sera changé par un événement ou une occasion qui se présentera

> *Pendant le reste de notre vie, nous serons confrontés à de nombreux « sauts doubles » figuratifs*

à l'horizon. Mobiliser l'audace, le courage, la force et le cran de se lancer par-dessus l'obstacle se traduira généralement dans toutes sortes de récompenses et d'autosatisfaction. À défaut de bien le gérer, cela entraînera probablement des dommages, des pertes et du regret. Le résultat vous appartient. Habituellement, il s'agit en fait que de notre réponse dans ce petit moment de prise de décision.

Aurons-nous le courage de faire la bonne chose? De tenir bon? D'accélérer lorsque la plupart des gens sains d'esprit nous diront de ralentir? De pousser pour le très bon lorsque le bon est séduisant? De servir les autres même quand ça fait mal? De toujours faire de notre mieux quand les autres paressent? De pousser au-delà des craintes sur le bord de notre zone de confort et d'aller vers un nouveau territoire? De nous efforcer de voler plus haut et plus loin que jamais auparavant? De nous affronter personnellement de manière à nous montrer de quoi on est capable? D'apprendre si nous avons ce qu'il faut? De savoir une fois pour toutes si nous avons du courage ou si nous sommes lâches?

> Peut-être que la plupart des gens ne veulent pas affronter ces moments difficiles de la vie.

Peut-être que la plupart des gens ne veulent pas affronter ces moments difficiles de la vie. Peut-être qu'ils ne veulent pas vraiment apprendre ce qu'il y a en eux parce qu'ils pensent qu'ils n'aimeront peut-être pas ce qu'ils verront. Ça se comprend. Mais tout comme la bande d'adolescents au Michigan sur un terrain vacant au cours des années quatre-vingt, vous ne le saurez pas jusqu'à ce que vous l'essayiez. Je crois personnellement que vous aimerez le sentiment de pousser au-delà de votre zone de confort en affrontant vos craintes, même si vous vous écrasez et vous vous brûlez plusieurs fois. Éventuellement, avec assez de tentatives, avec assez de décisions courageuses devant la peur, vous découvrirez à quel point et à quelle hauteur vous pouvez voler.

PRÉPAREZ-VOUS À VOUS SURPRENDRE!

« Toutes les sociétés, les civilisations et les entreprises détériorent de l'intérieur avant qu'elles soient envahies de l'absence de tout. »

« Le succès est caché à l'intérieur du travail difficile; c'est pourquoi beaucoup ne le trouvent jamais. »

NOUS DEVONS ÊTRE DIFFÉRENTS POUR FAIRE UNE DIFFÉRENCE DANS LE MONDE.

DANS NOTRE MONDE, L'INGRATITUDE EST DÉGUISÉE COMME LA VICTIMISATION ET LE CYNISME COMME L'INTELLIGENCE.

129

« Vos désirs conscients et vos attentes subconscientes doivent s'aligner, car vous n'obtenez pas ce que vous voulez, mais vous obtenez toujours ce que vous attendez. »

« Le mantra du succès : apprendre plus, faire plus, être plus. »

L'EXCELLENCE EST TOUJOURS ENCOURAGEANT.

L'EXCELLENCE TEND À INSPIRER UN PEU PLUS DES MÊMES CHOSES CHEZ LES AUTRES.

« Planifier, faire, vérifier et ajuster sont un processus pour réaliser quoi que ce soit, mais la plupart des gens restent coincés à l'étape de faire. »

« Si vous sentez qu'un coéquipier a agi sans caractère, mais vous ne voulez pas affronter la question avant de vous assurer d'avoir tous les faits, alors vous manquez de caractère. »

TOMBER AMOUREUX AVEC L'APPRENTISSAGE.

LE MONDE PASSE ET PRÊTE PEU D'ATTENTION À CEUX QUI JOUENT LA VICTIME.

Le nez du chameau sous le volet de la tente

Les gens n'aiment pas se faire dire quoi faire.

Même les enfants ne sont pas très réceptifs à l'instruction. Donc, lorsque les gouvernements veulent prendre la liberté du peuple (ce qui veut dire, tout simplement, le gouvernement dit aux gens quoi faire au lieu que les gens fassent leurs propres choix) ils doivent devenir rusés. De vraies compétences sont requises. C'est là où les politiciens entrent en jeu. Les politiciens sont éduqués dans l'art de « se faufiler ». Ne vous confondez pas avec le mot désobligeant qui, comme par hasard, peut précisément être appliqué à de nombreux bureaucrates, « se faufiler » est un terme utilisé pour décrire une stratégie spécifique très perfectionnée par les gouvernements. Voici comment cela fonctionne :

Étant donné que les gens n'aiment pas se faire dire quoi faire et résistent généralement à recevoir des ordres, quelque chose extérieur doit se produire afin de les convaincre de permettre cette chose qui serait normalement et naturellement considérée contraire à leur intérêt. Bien qu'il existe de nombreuses façons de commencer ce processus, habituellement une crise quelconque est extrêmement utile. Comme un politicien a récemment commis une bévue et déclara publiquement : « Il ne faut jamais gâcher une bonne crise. » Une crise entraîne la peur. La peur empêche la lucidité et provoque toutes sortes de réactions irréfléchies. Une de ces réactions est de permettre aux personnes au pouvoir d'utiliser ce pouvoir pour « faire quelque chose ». Ce « faire quelque chose » implique presque toujours la croissance du gouvernement par la création de nouvelles agences, des offices, des conseils, des comités, des programmes, des dépenses et, l'adoption de nouvelles lois! Tout cela serait bien beau, mais à l'exception de trois petites raisons :

La peur empêche la lucidité et provoque toutes sortes de réactions irréfléchies.

1. Ils coûtent de l'argent et par conséquent créent en soi de grands problèmes.
2. Ils ne fonctionnent généralement pas.
3. Ils génèrent des conséquences secondaires (certains diraient des conséquences « involon-taires », mais étant donné la soif du pouvoir de plusieurs bureaucrates, nous pouvons nous poser des questions).

Avec chaque nouvelle création du gouvernement, l'état de « se faufiler » dans nos libertés personnelles augmente. **La liberté rétrécit au fur et à mesure que l'ingérence du gouvernement grandit.** Plusieurs personnes pensent que c'est acceptable aussi longtemps qu'elles obtiennent leurs petits programmes, leurs subventions, leurs gratuités, leurs pots-de-vin et leurs privilèges. C'est pourquoi il y a de plus en plus de gens qui ont tendance à naturellement « vivre aux crochets des autres » qui accompagnent toujours un gouvernement croissant. Pendant ce jeu, des « experts » au sein du gouvernement décident ce que, en principe, nous devrions être libres de décider par nous-mêmes. « Ils » sont arrogants s'ils pensent qu'ils savent mieux que nous ce que nous avons besoin. Les programmes, les « grandes sociétés », les « gestions des ressources plus équitables » et le « progrès » sont claironnés comme de grandes nouvelles idées infaillibles. Par contre, c'est en fait la même histoire qui se répète du contrôle sur la masse, par quelques privilégiés, qui polluent les pages de chaque livre d'histoire. La liberté saigne à blanc sur l'autel d'un culte gouvernemental.

Il y a une adorable illustration souvent utilisée pour décrire « se faufiler » et il se dit comme ceci : quiconque a déjà passé quelque temps à proximité des animaux sait qu'ils sont malpropres. Les chameaux sont certainement connus comme les pires et les plus malpropres de tous les animaux. Voyageant en caravanes à travers les déserts subsahariens pendant des siècles, les commerçants attachaient leurs chameaux à une bonne distance de leur tente pour empêcher que les chameaux essayent d'y entrer. Personne, peu importe comment sa survie et son transport dépendent de leur chameau, ne choisirait de loger aux côtés de leurs chameaux à l'intérieur de leur tente, chaud et confortable. Les chameaux, toutefois, résistent à ce fait. Peu importe comment ils ne sont pas désirés dans les limites de la tente du propriétaire, ils désirent encore en prendre part à un peu de ce luxe. Ils commenceraient leur tentative en poussant uniquement leur nez sous la tente. S'ils passaient avec succès sans se faire apercevoir, ils glisseraient toute la longueur de leur tête. Graduellement, petit à petit, ils mettraient leur cou en entier à l'intérieur et enfin tout leur corps. Soudain, il semblerait que l'animal entier est entré à l'intérieur de la tente, profitant de l'abri des éléments de la nature, évinçant le propriétaire légitime hors de la tente. Le gouvernement peut aussi agir de la même façon. « C'est seulement un moyen transitoire jusqu'à ce que la crise soit diminuée », disent-ils, en glissant leur nez sous le rabat. « Juste un peu plus longtemps, le problème sera résolu, en y glissant leur tête et leur cou au complet. Et cela continue. Comme le président Reagan l'a dit : « Il n'y a rien d'aussi permanent qu'un programme temporaire du gouvernement. »

> *La liberté saigne à blanc sur l'autel d'un culte gouvernemental.*

Toutefois, le fait le plus étrange, c'est que plusieurs personnes semblent vouloir aider les chameaux à entrer discrètement dans la tente! En y réfléchissant un peu, nous pouvons expliquer cette situation étrange : ils ne veulent pas un chameau dans leur propre tente; ils veulent simplement aider à le mettre dans la vôtre! Toutefois, si vraiment ils ont acheté aveuglément jusqu'ici ces petites quantités d'intervention en pensant qu'ils voulaient un chameau dans leur propre tente, alors, eh bien, je pense qu'ils méritent les piqûres de puces qu'ils recevront.

133

Les leaders prennent les bonnes décisions

Le caractère exige la force de l'esprit, du cœur et de la volonté. Choisir de faire le bien, indépendamment de ce que font les autres, n'est pas facile ou naturel. Les leaders refusent d'abandonner leur caractère, considérant qu'il est plus précieux que toute possession terrestre. Beaucoup parlent facilement de caractère, se vantant bruyamment de son importance, mais lorsque les circonstances sont contre eux, ils courent rapidement au mal qui est plus facile plutôt qu'au bien qui est plus difficile. Le caractère est moins une question de connaissances intellectuelles ou de savoir ce qui est bien et mal, mais plutôt une question de connaissances du cœur — faire le bien même quand ça fait mal. Dans la vie, on peut choisir de produire des résultats ou rechercher des moyens d'exploiter les résultats des autres. Les producteurs créent de la valeur en servant les personnes, soient directement dans des domaines de services ou indirectement en produisant des produits pour les personnes. Les producteurs ne regardent pas l'aumône — seulement "à offrir une plus value." En donnant la bonne formation, les producteurs peuvent réaliser presque n'importe quoi avec de l'effort et de la ténacité. Maintenir une existence productive requiert du caractère, toutefois, exploiter les résultats de quelqu'un d'autre est attrayant, et semble plus facile. Par contre, les gens ne resteront pas en affaires avec des exploiteurs à moins qu'ils y soient contraints. L'une des manières les plus rapides pour reconnaître les producteurs est par les relations à long terme qu'ils ont construites grâce à leurs services aux autres.

> *L'une des manières les plus rapides pour reconnaître les producteurs est par les relations à long terme qu'ils ont construites grâce à leurs services aux autres en appliquant des principes gagnants gagnants.*

Les exploiteurs, d'autre part, ne produisent rien, s'appuyant sur des positions privilégiées acquises par leurs manœuvres politiques. Les exploiteurs cherchent les producteurs, qui ont besoin de la production afin de pouvoir vivre leurs existences parasitaires, espérant s'engraisser des fruits cultivés dans les jardins des autres. Certains champs sont mûrs pour l'exploitation, car ils permettent aux employés de rester loin de la satisfaction du client. Nous pouvons trouver des exploiteurs dans toute profession où quelqu'un a découvert comment gagner aux dépens d'un autre sans rendre service.

> *La liberté garantit que l'argent est gagné pour le service aux clients et non en les contrôlant.*

La libre entreprise fonctionne parce que le client est souverain sur ses désirs personnels. Si un choix du consommateur est forcé sur une personne, il a perdu sa liberté de choisir et sans la liberté économique, il n'y a pas de vraie liberté du tout. Avec la libre entreprise, si les clients ne sont pas satisfaits, ils se tournent vers quelqu'un d'autre pour répondre à leurs besoins. La liberté garantit que l'argent est gagné pour le service aux clients et non en les contrôlant. Soutenir la libre entreprise prend du caractère, car il donne le pouvoir aux consommateurs, non à l'État ou aux grandes entreprises. Tout autre système économique refuse d'admettre les droits des consommateurs, donnant le rôle d'arbitre final du désir des clients à quelqu'un d'autre, se moquant de la liberté. Si toutes les entreprises étaient libérées de leur partenariat gouvernemental, les exploiteurs seraient forcés de servir les clients donc, les entreprises devront ou bien changer ou bien faire faillite. La libre entreprise, en traitant le client comme un roi, s'assure que toutes les entreprises sont créées pour servir les clients.

En revanche, beaucoup de ce qui est écrit sur les prétendus avantages du socialisme, un malheureux système économique démystifié en théorie (voir Ludwig von Mises) et en pratique (allez voir partout où il a été essayé), a été rédigée par les exploiteurs, cherchant un endroit pour se cacher de leur incompétence personnelle et professionnelle. Pourquoi un exploiteur écrirait-il quelques choses de vraies d'un système qui lui priverait assurément cette position non méritée et privilégiée? Au lieu de cela, les exploiteurs diront des bêtises à propos de l'égalité et de l'équité, sans définir les termes, faisant que le client confus oublie que la vraie liberté le rendrait souverain sur son propre choix. Je me souviens d'une citation célèbre souvent créditée à Winston Churchill qui disait : « Si vous n'êtes pas socialistes avant vingt-cinq ans, vous n'avez pas de cœur; si vous êtes socialiste après vingt-cinq ans, vous n'avez aucun cerveau. » Malheureusement, dans notre société, nombreux sont ceux qui sont en train de perdre leur cerveau, avec les producteurs qui se font attaqués par un nombre croissant d'exploiteurs, pas vraiment parce que la production est mauvaise, mais simplement parce que les exploiteurs veulent plus de la production des producteurs. Le socialisme est un acide; il désintègre les racines de notre liberté, il nourrit les pires aspects de la nature humaine et il donne libre cours à la fierté, la cupidité et la jalousie à détruire tout autour d'eux. Est-ce cet avenir que nous souhaitons pour cette jadis grande nation?

> *Si vous n'êtes pas socialistes avant vingt-cinq ans, vous n'avez pas de cœur; si vous êtes socialiste après vingt-cinq ans, vous n'avez aucun cerveau.*

LAISSEZ CHAQUE PERSONNE S'EXAMINER.

Cela nous amène en plein dans notre discussion; les leaders doivent faire le bon choix. L'Amérique, comme d'autres pays, progresse ou tombe selon le montant de producteurs par rapport aux exploiteurs dans la société. Plus l'exploitation est récompensée, plus il est difficile d'être un producteur. L'histoire nous enseigne lorsqu'un pays développe plus d'exploiteurs que de producteurs, ce pays tombe. Il y a de l'espoir, parce que de nombreux leaders développent ceux qui ne veulent pas abandonner cette nation aux exploiteurs. Parce qu'il serait simplement plus facile de devenir membre de la communauté des exploiteurs prospères connus simplement comme le club, du "Quelque chose pour rien" (QCPR), ce club ne signifie pas que c'est bien. Une personne avec un caractère fort, se tenant sur des principes, produit plus qu'un mille personnes qui ont renoncé à leur caractère au QCPR. Soyez un producteur dans la vie. Choisissez en vous basant sur le caractère et non sur la complaisance.

PEUT-ÊTRE QUE VOTRE CHOIX SERA
LE POINT DE NON-RETOUR
QUI FERA
TOUTE LA DIFFÉRENCE.

« Les leaders doivent changer les faits en confrontant leurs faiblesses pour les transformer en force. »

« Lécher vos blessures n'arrêtera pas l'hémorragie, mais appliquer une pression l'arrêtera. »

Il n'y a pas de regret pour une vie vécue en menant.

Les appeler "des parties politiques" est inapproprié. Ils sont plus "des veilleurs" que des parties.

« Souvent, les leaders jettent des gilets de sauvetage à des gens au lieu de laisser Dieu leur apprendre à nager. »

« La concurrence vous empêche d'acheter vos propres excuses. »

Les "Rascals" ignorent la tyrannie des "ils".

Les "Rascals" ne vivent pas leur vie en cherchant l'approbation des autres. Ils répondent à leur propre voix intérieure.

« Un courage peu commun est ce qui sépare les bons leaders des grands leaders. »

« Vous obtenez ce que vous croyez. Modifiez vos croyances et vous modifierez vos résultats. »

Les personnes pluvieuses sont les personnes qui lancent toujours un nuage sur la bonne humeur et les bons moments. C'est triste pour eux.

La vie passive n'est pas digne d'être vécue. Levez-vous et allez de l'avant.

« Alors que beaucoup disent que ça ne peut pas être fait ; les leaders sont en train de le faire. »

« Le leadership se résume à deux choses que la plupart des gens ne peuvent pas résister : amour et service. »

Lorsque vous recevez un coup, vous tombez et vous devenez déprimés, l'action massive et le service aux autres sont la route vers la sortie.

Rencontrez les gens là où ils sont, mais aidez-les à devenir les meilleurs qu'ils peuvent être.

« Travailler d'arrache-pied sans un rêve est comme ramer dans un bateau au milieu de l'océan sans connaître le chemin du rivage. »

« Les gens adorent la concurrence et évitent la confrontation, mais le vrai leadership exige la coopération et l'affrontement. »

Apprendre est l'une des plus grandes bénédictions de la vie.

Affrontez les tâches difficiles en premier.

139

Mais Dieu

Les jours commencent, illuminés et propres,
Peu est connu, c'est plutôt démontré.
Nous ne nous souvenons pas et peut-être aucun ne le peut,
Quand nous avons d'abord réalisé qu'il y a quelque chose de faux.

Mais Dieu...
Une limite dont la mémoire ne peut pas servir,
Mais nous le savons tous maintenant, quoique certains le nient.
La fente, le vide, l'obscurité, la blessure
L'épine en chair et en os, la poutre dans l'œil.

Mais Dieu...
Sa présence grandit, son pouvoir s'étend,
Divisant les fondations du roc en sable.
Le temps aide de sa façon insidieuse,
La main ombragée sur notre perte de jours.

Mais Dieu...
Nous pleurons aussi, pour notre ancien "nous",
Tout en perdant l'enthousiasme pour la vérité.
La joie meurt sur le bord, maudissant un impuissant chant funèbre,
Un fléau éclairé avec espoir et amour.

Mais Dieu...
Le cœur est noir, la fosse est profonde,
Hantant même les enfants dans leur sommeil.
Ce qui était beau devient terne,
Comme toute chose humaine porte son cachet.

Mais Dieu...
Les gens maudits, une race tombée,
De la pomme d'Adam à la poussière dans une tombe.
Épinglé à terre, et agrafé en bas,
Retenu, restreint, gardé dans la douleur.

Mais Dieu...
Le piège est fermé ainsi que les tenailles,
La proie se bat dans une lutte futile.

Mais Dieu.

Ephesians 2,4-5

« Ne fuyez pas vos problèmes, car partout où vous irez, ils y seront. »

« Si vous travaillez fort, vous gagnez votre vie. Si vous travaillez fort sur vous-même, vous gagnerez une fortune. »

TIBIA : UN APPAREIL POUR TROUVER DES MEUBLES DANS L'OBSCURITÉ.

J'AVAIS L'HABITUDE DE MANGER BEAUCOUP D'ALIMENTS NATURELS JUSQU'À CE QUE J'AIE APPRIS QUE LA PLUPART DES GENS MEURENT DE CAUSES NATURELLES.

141

LE LEADERSHIP : CONTRÔLEZ ET INFLUENCEZ

Ne laissez pas les questions hors de votre contrôle vous arrêter d'adresser des questions en votre contrôle.

Ne laissez pas les questions hors de votre contrôle vous arrêter d'adresser des questions en votre contrôle.

Si nous l'avons vu une fois, nous l'avons vu mille fois : une personne douée voulant travailler qui s'arrête brusquement pour s'attarder sur un problème hors de son contrôle. Cette manière de penser prend plusieurs formes. Laissez-nous vous donner un exemple pour vous aider à le reconnaître dans votre propre pensée. Disons que vous pensez fréquenter une certaine école. En apprenant qu'un de vos amis a fréquenté cette école, vous le recherchez afin d'apprendre de ses expériences. S'il vous dit qu'il a quitté l'école parce que c'était trop difficile et que cela exigeait trop d'heures d'étude et qu'il n'avait plus assez de temps pour le jeu, cela ne signifie pas que vous ne devriez pas y aller. Si vous avez un rêve et êtes enclins à le réaliser, l'expérience de votre ami ne vous dira rien de votre potentiel à cette école, puisque l'éducation, comme presque toute la vie, est une question de responsabilité personnelle. Cependant, si les tentatives d'échec scolaire de votre ami bloquent votre rêve de même vous inscrire, donc deux échecs se produisent : l'échec d'action et l'échec de la pensée. Comment contrôlez-vous le travail éthique de votre ami? Comment savez-vous si votre ami a été vraiment engagé à l'école et envers ses rêves? Pourquoi laissez-vous les actions de votre ami gêner vos occasions? **Les leaders peuvent seulement se contrôler et contrôler les décisions qu'ils prennent,** tandis qu'avec les autres ils n'ont que l'influence et ils n'ont pas de contrôle.

Il y a de nombreux exemples des mauvaises manières de penser en permettant des questions hors de votre contrôle de nuire aux questions en votre contrôle. Voici quelques autres scénarios des mauvaises manières de penser, chacun avec des contrepoints de pensées plus productives :

1. Je ne vais pas à l'église parce qu'un hypocrite y va. (Pourquoi permettre à un hypocrite de vous arrêter d'apprendre la Vérité pour vous et votre famille?)

2. Je ne suis pas un propriétaire d'entreprise parce que j'ai eu une mauvaise expérience avec un entrepreneur. (Pourquoi permettre à un mauvais entrepreneur de vous refuser un avenir d'occasions?)

3. Je ne vais pas chez le médecin, parce que j'ai eu une mauvaise expérience avec un docteur. (Pourquoi menacer votre santé à cause de l'incompétence d'un docteur?)

4. Je ne lis pas parce qu'un professeur m'a dit que j'étais dyslexique et que je ne pourrais jamais lire. (Pourquoi permettre à l'étiquette d'un professeur interrompre votre croissance personnelle?)

5. Je ne parle pas aux gens, car mes parents me dissent que je suis timide. (Pourquoi permettre les étiquettes d'enfance de vos parents vous nuire en tant qu'adulte?)

6. Je n'essaie pas de grandes choses pour Dieu parce que ma famille n'a jamais accompli grand-chose. (Pourquoi permettre au passé de votre famille entraver votre avenir?)

7. Je n'économise pas d'argent parce qu'on m'a toujours dit que j'aurai toujours des dettes. (Pourquoi permettre à la pensée de quelqu'un avec une pauvre réflexion sur l'argent devenir votre pensée?)

8. Je ne rêve pas parce que j'ai vu mon ami rêver et échouer. (Pourquoi ne pas tirer des enseignements des échecs au lieu d'en devenir un?)

9. Je ne vais pas me marier parce que trop de gens divorcent. (Pourquoi ne pas apprendre des mariages qui ont réussi au lieu de vous concentrer sur ceux qui ont échoué?)

10. Je ne vais pas avoir d'enfants parce que le monde est tellement mêlé. (Pourquoi ne pas apprendre à préparer les enfants pour la vie au lieu de les priver de l'occasion de vivre?)

Nous pourrions poursuivre indéfiniment, mais nous sommes tout à fait sûrs que le point est clair. Au lieu de laisser les choses que vous ne contrôlez pas (les pensées et les actions des autres) de créer votre réalité, pourquoi ne pas vous concentrer sur les choses que vous contrôlez (vos propres pensées et actions)?

Orrin Woodward a grandi à Columbiaville, Michigan, un petit village avec peu, sinon aucun grand penseur. Il aurait été facile de succomber aux "mauvaises pensées" de cet environnement, mais par la grâce de Dieu et avec une tonne d'efforts, il s'est détaché du moule. Au lieu de s'attarder sur les défauts de ses parents, il a mis l'accent sur les points forts de ses parents. Il a appris d'eux une éthique du travail et la capacité de penser et d'appliquer cela à chaque activité qu'il entreprenait

L'une des clés pour vous engager est de **concentrer vos efforts sur vos forces,** et non pas sur l'échec des faiblesses des autres. Oui, les gens vous laisseront tomber, honte à eux, mais cela ne devrait pas vous empêcher de remplir votre vocation. Oui, votre famille vous blessera à certains moments, mais cela n'enlève pas votre responsabilité de les aimer et de les mener. Oui, votre vision, comme un navire, peut prendre l'eau de temps en temps, mais les leaders comprennent que ça fait une partie du voyage de rebâtir le navire, le rendant plus grand et plus solide. **Votre rêve ne peut pas être volé, mais par l'intermédiaire de mauvaises pensées, il peut être cédé.**

La vie pour Orrin est devenue beaucoup plus facile depuis qu'il a décidé deux choses : 1) à continuer, peu importe, les actions d'autrui, et 2) qu'il était dans le jeu quoi qu'il arrive. Ceci libéra le stress et l'anxiété, ressentie par la plupart des gens, lorsqu'ils ne sont pas vraiment engagés dans un plan d'action. Les leaders prennent une décision, font suite à cette décision avec un engagement total et prennent la décision avec tout simplement une grande passion et beaucoup d'efforts.

Nous ne pouvons pas contrôler les mauvaises décisions des autres personnes, mais d'aggraver les erreurs en les "accumulant" est la dernière chose que nous devrions faire. Nous avons été témoins de nombreuses personnes avec plus de talents que nous, nous avons saboté leur succès en permettant aux mauvaises réflexions de prendre racine dans leurs esprits. Habituellement, le temps que les mauvaises herbes ont pris a ruiné leur raisonnement, ils ne souhaitent plus entendre les conseils nécessaires pour les aider à arracher les mauvaises herbes et ils sont même parfois offensés par la suggestion qu'ils cultivent des mauvaises herbes.

Ainsi, l'une des plus grandes "mauvaises herbes" est les problèmes hors de votre contrôle qui entravent votre attitude et vos actions sur les questions en votre contrôle. C'est vraiment aussi simple que cela, quoique pas aussi facile que cela.

La réussite dans la vie est tout simplement une question de demeurer concentrer sur les domaines que vous contrôlez tout en remettant à Dieu les domaines qui sont hors de votre contrôle. Éventuellement, un leader découvre que les autres personnes seront influencées par l'exemple du leader, qu'elles aborderont les questions et elles amélioreront leur rendement; ceci est réalisé grâce à l'influence du leader, non pas en raison de son contrôle. Les membres d'une communauté ne sont pas inspirés à s'améliorer si le leader s'attarde dans des domaines hors de son contrôle. Ce n'est que lorsque le leader maintient le cap, même quand ça fait mal, que d'autres acquièrent la force de résoudre et de changer leur propre vie. La question à se poser est la suivante : êtes-vous ce type de leader pour votre famille, votre communauté, et votre équipe?

L'une des meilleures décisions qu'un leader peut prendre dans la vie est d'être « pleinement engagé », c'est le fait d'être totalement engagé à n'importe quel domaine qu'il poursuit. La grandeur n'arrive pas à ceux qui essayent, ni à ceux qui réfléchissent, mais seulement à ceux qui décident. Tirez les mauvaises herbes de vos pensées.

AUJOURD'HUI EST LE JOUR POUR COMMENCER À PENSER COMME LE LEADER QUE VOUS PLANIFIEZ DEVENIR.

Ce n'est pas tout le monde qui meurt à la fin. Certains le font dans le milieu.

Nous ne grandissons jamais vraiment. Nous apprenons seulement comment agir en public.

« La plupart des gens préféreraient vivre confortablement avec des mensonges qu'inconfortablement avec des vérités. »

« Être ignorant de votre ignorance est la plus grande ignorance. »

LES VRAIS CHAMPIONS TRAITENT AVEC LA MONNAIE DE LA RAISON D'ÊTRE. ILS ÉCHANGENT LEUR TEMPS ET LEURS EFFORTS POUR UNE PLUS GRANDE CONTRIBUTION.

« Le caractère est de loin plus important que la réputation. La réputation est fondée sur l'opinion des autres; le caractère est fondé sur des faits. »

POUSSÉS POUR LA RAISON D'ÊTRE DE LEUR NAISSANCE SUR TERRE, LES GAGNANTS S'ÉVEILLENT POUR COURIR LEUR COURSE.

« Les priorités servent à dire à votre temps où il va, au lieu de vous demander où votre temps est allé. »

NOUS NE POURRONS JAMAIS ÊTRE PARFAITS, MAIS NOUS NE DEVONS JAMAIS CESSER DE VOULOIR L'ÊTRE.

« Si vous n'êtes pas disposés à donner votre 100 % jusqu'à ce que vous obteniez des résultats, alors vous ne verrez jamais les résultats. »

« Un expert est vendu sur le vieux paradigme et n'est pas ouvert aux nouvelles idées alors que l'étudiant s'interroge et apprend toujours. »

QUI VOUS ÊTES EST PLUS IMPORTANT QUE CE QUE VOUS FAITES.

« Le talent pour démarrer abonde; la persévérance pour terminer est rare. »

« Trop souvent, nous considérons apprendre comme une période de la vie au lieu d'un mode de vie. »

L'IGNORANCE N'A PAS DE LIMITES.

Lire pour avoir une vie de croissance

J'ai pris un livre de Donald Trump parce que j'avais un désir profond de conquérir cette « chose qu'on appelle l'argent ». À mon souvenir, c'était le premier livre depuis l'université que j'avais lu de ma propre volonté. J'aimerais pouvoir dire que ça a allumé une soif d'apprendre en moi pour toute ma vie, mais, hélas, peut-être que Donald n'était pas assez convaincant ou que je n'étais pas prêt, mais ça n'a rien accompli. Après, je me souviens d'avoir lu une partie du livre au sujet des présidents des É.-U. et de leurs guerres secrètes. Ensuite s'est présenté à moi le récit d'un initié de la mafia. Ces lectures ont été séparées de quelques années, assaisonnées avec beaucoup de lecture de magazines de motos.

Ce n'était pas parce que je ne pouvais pas lire. Ce n'était pas parce que je n'aimais pas lire. C'est que personne, nulle part, à aucun moment pendant mes six ans et mes deux diplômes d'études, n'a inculqué en moi (disons la vérité, ils n'ont même pas essayé de le faire) que lire est l'une des habitudes les plus importantes pour croître toute la vie. Au mieux, je considérais la lecture comme un passe-temps, quelque chose qu'une personne faisait sur la plage, dans un avion ou lorsqu'elle s'ennuyait. Au pire, je la considérais comme une perte de temps. Qu'est-ce qui pouvait être bénéfique dans le fait de s'asseoir et de lire quand on pouvait être en train d'agir?

Lorsque mon association en affaires avec Orrin Woodward a commencé, lui et les autres leaders m'ont appris l'importance de l'autoapprentissage. J'ai appris que les bonnes lectures ne sont pas un passe-temps, mais plutôt un des meilleurs chemins pour combler notre soif naturelle d'acquérir la connaissance, la clairvoyance et la perspective. J'ai aussi appris que, quoiqu'apparemment passive, la lecture est l'une des activités qui éveille le cerveau, qui amène par la suite la personne à l'action – le meilleur type d'actions – le type qui est contrôlé par des pensées claires. En fait, bien lire et le faire avec un but devient une arme stratégique dans ce monde compétitif.

Admettons-le : nous vivons dans l'ère de l'information.

Sans la bonne information bien appliquée, une personne ne peut pas souhaiter entrer dans la compétition. Il y aura simplement trop de personnes voulant apprendre ce qu'ils ont besoin de savoir pour exceller. En bref, l'un des grands secrets pour une grande réussite dans la vie est de transformer la lecture en votre arme de préparation.

Je pourrais continuer, mais mon but ici n'est pas de vous convaincre des avantages de la lecture. Je vise plutôt à établir une distinction pour vous; ne lisez pas tout simplement – étudiez. Voici quelques suggestions pour rendre votre lecture beaucoup plus efficace :

> *Un des grands secrets pour une grande réussite dans la vie est de transformer la lecture en votre arme de préparation.*

1. Lisez les bons livres avec l'intention de vous améliorer en tant que personne. Vous pouvez (et devrez peut-être) lire certains livres pour leur simple valeur de divertissement. Par contre, ceux-ci devraient être de l'assaisonnement saupoudrés d'œuvres plus édifiantes.

2. Lisez des principes et des particularités dans le domaine de votre profession, de votre vocation ou de votre passion. (Bénie soit la personne qui peut harmoniser les trois.)

3. Lisez largement plusieurs genres. Permettez-moi de vous recommander des catégories : le leadership (bien entendu), le succès, la théologie, l'histoire, l'économie, les classiques, la politique et la liberté, les finances et les investissements.

4. Lisez plusieurs livres à tout moment. Cela empêche la voix d'un auteur de devenir trop ennuyeuse et prolonge le temps où vous pouvez lire et rester frais et engagé.

5. Dévorez vos livres. Soulignez des passages, inscrivez des notes dans les marges, résumez vos pensées principales, soulignez les points importants sur les pages blanches à la fin du livre, etc. Autrement dit, faites en sorte que le livre vous appartienne. Ajouter toutes ces annotations vous permet d'approfondir la compréhension lorsque vous lisez le livre pour la première fois, vous offre un résumé pour vous aider à réviser avant de remettre le livre, une fois terminé, sur l'étagère et rend la consultation future plus facile.

6. Posez-vous ces questions pour chaque livre que vous avez lu : quels étaient les points essentiels de l'auteur et comment puis-je les appliquer dans ma vie dès maintenant?

7. Inscrivez la date où vous avez commencé à lire le livre à l'intérieur de la page couverture du livre.

8. Tenez un journal qui inclut la liste des livres que vous avez lus. Inscrivez le titre, l'auteur, le genre et la date où vous avez terminé de lire chaque livre. Cela permet de voir rapidement la quantité et la portée de vos lectures..

9. Faites la promotion des livres aux autres et aidez les personnes à résoudre leurs problèmes et à améliorer leurs vies en les dirigeant vers les livres qui vous ont offert des réponses que vous avez trouvées utiles.

10. Faites de la lecture une priorité. Éliminez les « bonnes » activités de votre horaire surchargé et faites de la place pour les « meilleures » activités

Une personne peut penser qu'une telle liste représente beaucoup de travail. J'aimerais suggérer que rien ne peut être plus loin de la vérité. Comme le dit le dicton : « Si vous aimez ce que vous faites, vous ne travaillerez plus une autre journée de votre vie ». Ce que vous découvrirez c'est que lire à ce calibre devient une agréable passion en elle-même. C'est que cela s'appliquera directement pour améliorer vos idées, votre connaissance et votre compréhension. Cela augmentera votre prouesse et votre attitude. Cela vous inspirera à creuser un peu plus dans les mystères et les domaines qui vous étaient inconnus. Un bon livre vous mènera à un autre. Une pensée profonde vous mènera à d'autres idées innovatrices et distinctes. Lire au point d'étudier deviendra une habitude pour une vie de croissance et un avantage durable qui sera égalé par peu.

Si vous aimez ce que vous faites, vous ne travaillerez plus une autre journée de votre vie

Plongez. Commencez à lire avec un but.

Vérifiez pour vous-même de quelle façon ça va se développer en passion. Surveillez les progrès que vous ferez dans la vie. Vous n'en serez pas seulement accro, vous serez accroché. Vous vous joindrez aux « grandes conversations » parmi les plus grands penseurs, les explorateurs les plus profonds et les plus grands rêveurs de l'expérience humaine

148

« Lorsque vous argumentez pour vos limitations, vous les perpétuez. »

« Ne laissez jamais votre confort surmonter vos convictions. »

PENSER EST CE QUI IMPORTE LE PLUS, QUAND IL S'AGIT DE RÉUSSIR.

LE RETARD EST L'ENNEMI DU SUCCÈS.

« Ce n'est pas ce que vous ne savez pas qui vous retient, c'est de ne pas faire ce que vous savez. Faites plus et vous apprendrez plus! »

« Lorsque vous visez pour les étoiles, vous devez être prêt à avoir quelques cicatrices. »

LES PERFORMANCES DANS L'EMBRAYAGE RÉVÈLENT UNE PRÉPARATION DANS LE SILENCE.

UN SOU ÉCONOMISÉ EST UN OUBLI DE LA PART DU GOUVERNEMENT.

149

Les leaders sont les jardiniers de leurs propres esprits

C'est étonnant ce que nous pouvons apprendre d'une personne simplement en l'écoutant. Les personnes qui croient qu'ils ont une attitude positive dévoilent leur négativité lorsqu'ils parlent. Nous aimons commencer des séances de mentorat ainsi : « Dites-nous qui est le bon, la brute et le truand. Le bon, nous célébrerons, la brute, nous adapterons et nous prierons pour le truand. » Cela ouvrira certainement la discussion en aidant à identifier pas seulement ce qui est arrivé, mais ce qui s'est passé, qui est, en fin de compte, plus important que l'évènement, car l'évènement se produit une seule fois, par contre, la façon qu'ils revivent l'évènement se reproduit à maintes et maintes reprises dans leurs esprits et leurs cœurs.

Les expériences douloureuses sont vécues à la fois par les personnes qui réussissent et par celles qui ne réussissent pas. La différence dans les résultats est selon leurs réponses respectives; celles qui réussissent apprennent de ces mauvaises cartes et choisissent d'en choisir d'autres, tandis que celles qui ne réussissent pas se plaignent des cartes de la vie qui sont empilées contre eux et choisissent de quitter le jeu. En fait, ce qui est vraiment empilé contre eux est leur propre pensée. Les gagnants ont reçu le même stimulus, mais ont choisi de répondre différemment des non-gagnants.

Lorsque quelque chose de mauvais arrive à un gagnant, il se concentre immédiatement à atténuation les effets, apprenant ce qu'il peut de la situation : pas de séance de pitié, pas d'attitude comme « malheur à moi », tout simplement des résolutions et des moments propices à l'apprentissage. La mesure dans laquelle une personne gagne dans la vie est souvent reliée à la rapidité avec laquelle elle peut passer de « problème identifié » à « problème résolu » tout en apprenant du douloureux processus. Lorsque l'attitude d'une personne reste négative pendant des semaines, des mois, parfois même des années, pouvons-nous nous attendre à un résultat positif? Il y a seulement une quantité limitée d'énergie mentale disponible. Lorsque cette énergie est utilisée pour ruminer les pensées négatives leur permettant d'entrer dans le cœur, pour finalement sortir de la bouche, pourquoi est-ce que quelqu'un est étonné de voir que si peu de travail est fait dans la vie? La clé est d'extraire les mauvaises herbes (les pensées négatives) aussitôt que nous détectons qu'elles entrent dans l'esprit. Il est beaucoup plus facile d'enlever les mauvaises herbes immédiatement, mais beaucoup plus difficiles lorsque nous les permettons de prendre racine dans le cœur. Au moment que les mauvaises herbes de la pensée négative ont pris racine jusqu'au point d'avoir un impact sur nos discours, nous savons que les racines sont profondes et solides.

Les leaders sont les jardiniers de leur propre esprit, identifiant et arrachant les mauvaises herbes rapidement. Les meilleurs leaders semblent ne jamais avoir une mauvaise attitude, parce qu'ils choisissent de tirer les mauvaises herbes sans tarder. Mais si jamais ils sont dans une période négative, ils ne font certainement pas la propagation de la maladie aux autres. Parce que les grands leaders comprennent le pouvoir de leur exemple et comprennent que le maintien de cet exemple est

> *Les leaders sont les jardiniers de leur propre esprit, identifiant et arrachant les mauvaises herbes rapidement.*

150

leur responsabilité. Cela ne veut pas dire que les leaders travaillent entièrement seuls. Si une mauvaise herbe est extrêmement difficile, les meilleurs leaders doivent avoir assez de discipline pour chercher des mentors afin de les aider, refusant alors de contaminer les autres, même le plus fort des mauvaises herbes. Nous constatons, alors, que l'une des premières et des plus importantes missions de tout leader en devenir est de constamment et rapidement enlever les mauvaises herbes. Ce n'est pas une option s'il a l'intention d'inspirer les autres, puisqu'une attitude amère et une sale tête n'inspirent personne.

Pour devenir un grand leader, enlevez vos mauvaises herbes, gardez votre esprit et protégez votre cœur parce que c'est de l'abondance du cœur dont parle la bouche. Le leadership survient lorsque les gens ont confiance dans le leader. Si l'attitude d'une personne est imprévisible ou négative, il se disqualifie du leadership parce que ce comportement repousse et cause des doutes. Les leaders sont les concessionnaires de l'espérance, le changement et la croissance, toutes ces choses commencent à l'intérieur du leader lui-même.

LANCER UNE RÉVOLUTION EN LEADERSHIP DANS VOTRE PROPRE VIE EN DEVENANT UN BON JARDINIER DE VOS PROPRES PENSÉES.

« Quand vous vous sentez déprimé, concentrez-vous sur toutes les choses dont vous êtes reconnaissant dans votre vie afin de maintenir une attitude de gratitude. »

« Établir un objectif est inestimable. Vous gagnez un succès ou plus d'expérience en préparation pour la réussite. »

La meilleure manière de trouver quelque chose de perdu autour de la maison est d'en acheter un autre.

La grandeur n'arrive jamais par accident.

« L'un des devoirs principaux du leader est de répandre aux autres la conviction qu'ils sont dignes du succès. »

« Vous commencez à mener votre vie au moment où vous réalisez votre capacité à conquérir les deux, vous et votre environnement. »

Les gens deviennent émotifs en défendant leurs opinions alors qu'ils ne connaissent pas tout à fait la raison pour laquelle ils l'ont.

Les leaders ne peuvent pas être timides.

“POUR SE RENDRE COMME UN COMMENTATEUR POLITIQUE ON DOIT AVOIR L'UNE OU L'AUTRE, DE GRANDES DENTS OU ÊTRE BON À INTERROMPRE (OU LES DEUX).**”**

“LES LEADERS ONT À ABATTRE LES CLÔTURES. MAIS ILS DEVRAIENT AUSSI D'ABORD SAVOIR POURQUOI CES CLÔTURES ONT ÉTÉ ÉRIGÉES.**”**

« Si la réussite était facile, tout le monde aurait du succès. Ne cherchez plus la voie facile et commencez à chercher ce qui est digne ce que vous avez de mieux à offrir. »

« Si vous ne faites pas quelque chose de différent, vous finirez où vous allez. »

153

Mari, père, leader : soyez un homme

Dans la société d'aujourd'hui, les jeunes hommes voulant apprendre le caractère, la responsabilité et le leadership, luttent pour trouver des modèles à suivre. Les grands médias publics semblent mépriser les bons modèles, ces hommes qui ont le courage de mener leurs familles, leurs entreprises et leurs communautés; au lieu, ils croient que ce sont des modèles anachronisme d'un passé malheureux. Et puis, si les grands médias publics avaient tord, comme ils l'ont été sur presque toutes les questions sociales dans le dernier siècle? Et qu'est-ce qui arriverait si les hommes, jouant le rôle que Dieu leur a donné, étaient nécessaires pour une culture et une communauté en santé? Et puis, est-ce possible que la dégradation de la culture et du moral dont nous sommes témoins aujourd'hui ait commencé à se retirer depuis quelques années de leurs devoirs dus aux femmes, aux familles et aux communautés? Qu'est-ce qui arriverait si un groupe d'hommes, ignoraient le harcèlement des critiques, prenaient le rôle qui leur était désigné et offraient de la structure et de la sécurité dans la famille en étant le mari, le père et le leader requis aujourd'hui dans ce temps de détresse? Pendant les dernières dix-huit années dans notre entreprise, nous avons pris les premiers bancs dans les salons à travers l'Amérique et le Canada, vivant personnellement les effets des hommes et des femmes qui assument leurs responsabilités.

Ça n'a pas toujours été ainsi. Le devoir, un mot de mauvaise réputation aujourd'hui, signifiait quelque chose aux hommes dans le passé. Le caractère, l'honneur, la fidélité, tous des mots desquels nous rions aujourd'hui, étaient, dans le passé, des mots dignes de sacrifice. Les hommes croyaient que la vie sans caractère, d'honneur et de devoir, était dissolue et ne valait pas la peine d'être vécue. Plusieurs exemples de devoir et d'honneur me viennent à l'esprit, mais partageons l'histoire de deux personnes qui avaient la conviction et qui étaient prêtes à sacrifier ce en quoi ils croyaient. Les deux ont vécu en Angleterre pendant l'époque à laquelle il y avait du mécontentement entre les catholiques, les anglicans et les puritains, chacun cherchait à apprendre et à vivre dans le vrai chemin à une époque où la vraie voie était encore importante. Ce temps, avant la liberté de religion. C'est facile pour nous à l'époque moderne de juger et de critiquer les comportements des trois dénominations. Par contre, il est important de se rappeler, que ce sont les luttes de ces trois groupes qui ont créé les libertés spirituelles qu'ont vécues les colons américains, et que par eux, nous vivons encore aujourd'hui. C'est important quand nous étudions l'histoire, de nous placer dans la culture de l'époque, en étudiant le courage et les convictions basés sur la culture comme ça l'était dans le temps, pas comme elle l'est aujourd'hui

Hugh Latimer et Nicholas Ridley, les deux des prédicateurs et des enseignants, étaient condamnés à brûler pour leurs croyances religieuses. La manière facile de s'en sortir aurait été de se rétracter, mais les deux Latimer et Ridley étaient convaincus par les Écritures et par la raison, que de se sauver eux-mêmes, ils seraient rejetés par Dieu et la parole de Dieu. Les deux hommes ont donc été attachés chacun d'un bord du pieu en bois. Les bourreaux empilaient du bois à leurs pieds, se préparant à y mettre le feu. À ce moment-là, Ridley commençait à faiblir, en perdant sa posture sous cette grande pression, mais Latimer, d'un ton calme et rassurant, a dit ceci à son ami : « Prenez courage, Maître Ridley et soyez un homme; nous allons en ce jour, par la grâce de Dieu, allumer en Angleterre un flambeau qui, j'en suis sûr, ne sera jamais éteint. » Les morts de Latimer, Ridley et un autre homme appelé Cranmer (les trois hommes furent connus comme "les martyrs d'Oxford", et ils sont encore commémorés à Oxford par le mémorial des martyrs victoriens près du site de leur exécution.

Lorsque nous pensons aux grands sacrifices qu'ont fait de tels hommes pour leurs convictions à bâtir la fondation des privilèges et des droits que nous connaissons aujourd'hui, nous sommes émus de respect et d'émerveillement. Ceci nous amène à nous demander, où sont les hommes d'aujourd'hui qui "seront des hommes"?

Nous pouvons considérer ceci particulièrement dans le monde du mariage. Cela prend deux personnes pour réaliser un bon mariage, mais si le mariage bat de l'aile, les hommes doivent s'assurer qu'ils ont fait tout en leur pouvoir afin de rectifier la situation. Combien de fois avons-nous vu pleurer une femme écrasée pour un homme, un enfant dans le rôle d'un mari, un homme en corps, mais un enfant par ses responsabilités, nous demandant s'il grandira un jour en l'homme qu'il est appelé à devenir? Combien de fois avons-nous vu une femme lire son dixième livre sur les relations maritales pendant que le premier livre reste sans être lu près de la tête du lit du mari? Les hommes qui auparavant auraient probablement sacrifié leur temps, leur argent et leurs vies pour protéger leurs familles aujourd'hui semblent ne pas pouvoir trouver le courage pour même lire un livre avec le but de protéger et d'améliorer leur mariage. Les mots dans les vœux de mariage "pour le meilleur et pour le pire" signifient maintenant, pour plusieurs hommes, "pour le meilleur ou sinon". Les maris, il est temps que vous soyez un homme.

Un article a récemment posé la question : où sont partis tous les hommes? Les pères absents ont créé une perte incroyable dans la vie de millions de jeunes garçons et filles, qui grandissent sans la protection et le leadership rassurant de leur père. Un regard rapide sur les données nous raconte la déchirante histoire de l'augmentation du décrochage scolaire, des crimes, des grossesses et des suicides. Les médias du grand public aiment donner le ton, mais comme par hasard ne sont pas là quand il est temps de payer le prix. Les hommes, les femmes et les enfants assument la facture, souffrant la douleur associée avec les relations brisées, tandis que les médias continuent avec leur expérience sociale. Nous pouvons critiquer l'Amérique du Nord du 19e siècle, en nous moquant de leur conservatisme social, trouvant des défauts dans leurs drôle de coutumes, mais en regardant dans les yeux d'une femme seule, désertée avec de jeunes enfants, le dénigrement de la vieille manière sonne creux. Il est l'heure que tous les pères s'avancent au marbre et qu'ils apprennent comment servir avec amour leur épouse et éduquer leurs enfants en leur offrant un environnement familial discipliné. De jeunes garçons ont besoin de savoir qu'ils ont ce qu'il faut pour devenir des hommes. De jeunes filles ont besoin de savoir que leur père les aime et qu'il est prêt à les protéger contre quiconque menace sa princesse, jusqu'à ce qu'un jeune prince vienne défendre son honneur à sa place. Ce n'est qu'un des rôles du père, un rôle qui est presque perdu aujourd'hui, créant beaucoup de torts à tellement d'hommes et de femmes. Si vous êtes un père, il est l'heure d'être un homme.

Un livre populaire a posé la question dernièrement : où sont partis tous les leaders? Tellement d'hommes ont décroché de leurs mariages, ont décroché de leurs enfants et ont complété la couronne triple en décrochant aussi du leadership. Vous ne pouvez pas être un lâche dans un secteur de votre vie et un modèle dans un autre. Le leadership grandira dans tous les secteurs ou le manque de leadership les arrêtera. Les hommes doivent mener leurs foyers, apprendre les principes du leadership nécessaire pour servir dans la société. Parce que notre compréhension du leadership est tout de travers, plusieurs déduisent que le leadership signifie la dictature, mais rien ne peut être plus loin de la vérité. Le leadership est basé sur la servitude et le désir de servir les autres. Lorsqu'un homme réussit à être un bon leader chez lui, il peut ensuite mener dans sa communauté, ayant une confiance renforcée par un foyer stable. Afin que les hommes puissent mener chez eux et dans la société, nous devons élever un groupe de leaders qui accepteront la responsabilité. C.S. Lewis a écrit dans son livre classique *Les hommes sans poitrines (Men Without Chests)* : « Nous avons des hommes sans poitrine et nous attendons d'eux la vertu et l'esprit d'entrepreneur. Nous rions de l'honneur et sommes surpris de trouver des traîtres parmi nous. Nous les castrons et ensuite nous leur demandons de porter des fruits. »

> *Le leadership est basé sur la servitude et le désir de servir les autres.*

Une partie essentielle pour la recrudescence de l'Amérique du Nord c'est de restaurer la virilité, mettant fin à la castration personnelle des hommes. Le vrai leadership de servitudes basé sur le caractère, le courage et les convictions est encore vivant chez quelques restants d'homme. Ce reste a hiverné assez longtemps. Nous ne pouvons rester inactifs. Nous ne pouvons plus laisser nos femmes et nos enfants être endommagés par notre manque de leadership. Nous ne pouvons plus remettre au prochain. Il est temps de se présenter au marbre. Comme Latimer a encouragé Ridley, permettez-nous de vous encourager : « Prenez courage, hommes nord-américains et soyez un homme; nous allons allumer un tel flambeau, par la grâce de Dieu, qui, j'en suis sûr, ne sera jamais éteint. » **Soyez un homme!**

« Une personne qui regarde toujours à l'intérieur ne peut pas servir les autres à l'extérieur. Une personne qui ne regarde jamais à l'intérieur est dangereuse pour le monde extérieur. La réussite est une affectation intérieure et ensuite extérieure. »

66 Oh, si seulement nous pouvions trouver un représentant du gouvernement qui veut dépenser son propre argent et dormir avec sa propre femme.. 99

66 Beaucoup de gens sont plus épris avec leur mode de vie fondé sur le crédit qu'avec la création de la vraie richesse. 99

« Traitez votre entreprise comme un jeu. Définissez le jeu, conservez le compte et gagnez. »

« Les leaders ne devraient pas éviter les défis, mais faire preuve de leadership en trouvant des solutions. »

66 La solitude dans de bonnes doses accomplit des merveilles pour l'âme. 99

66 Vous pouvez apprendre beaucoup des gens lorsque vous découvrez ce qui les motive. 99

157

❝LE MANTRA DES GAGNANTS PARTOUT : AGISSEZ DÈS MAINTENANT !**❞**

❝UN LEADER N'A PAS BESOIN DE CONNAÎTRE TOUTES LES RÉPONSES, MAIS IL A BESOIN DU CARACTÈRE ET D'UNE FAIM.**❞**

« Il est beaucoup plus facile de parler de leadership aux gens que de diriger le peuple. »

« En matière de leadership, 99 pour cent de conviction est 100 pour cent d'incroyance. Le doute est son pire ennemi. »

❝IL Y A QUELQUE CHOSE D'ÉDIFIANT QUAND UNE PERSONNE SE RELÈVE ET ESSAYE À NOUVEAU.**❞**

❝UNE PERSONNE SERA PROBABLEMENT DÉFINIE PAR QUELQUES DÉCISIONS CLÉS DANS SA VIE.**❞**

« Les gens ne suivront jamais une personne à qui ils ne font pas confiance. Ne sacrifiez jamais votre caractère pour impressionner les autres. »

❝LE MOMENT VIENDRA OÙ VOUS DEVEZ EXPLIQUER VOS ACTIONS.**❞**

« Les leaders ont encore les sensations des papillons. La différence est qu'ils ont appris à les aider à voler en formation. »

❝ÇA NE SERA PAS UN ORDRE MONDIAL, ÇA SERA UN MONDE QUI VOUS ORDONNE.**❞**

❝VOUS AVEZ À VOUS CONVAINCRE QUE VOUS ÊTES DIGNE DE RÉALISER CETTE VISION QUE VOUS VOYEZ DANS L'ŒIL DE VOTRE ESPRIT.**❞**

❝LES LEADERS NE PEUVENT PAS RESTER SILENCIEUX FACE À L'INJUSTICE.**❞**

❝LES ÉLECTIONS ONT DES CONSÉQUENCES.**❞**

« Pendant que le jardinier tire les mauvaises herbes d'un jardin, les leaders tirent les mauvaises herbes de leur pensée avant qu'ils se propagent. »

❝L'UNE DES PLUS GRANDES BÉNÉDICTIONS DE LA VIE EST DE DÉCOUVRIR SA VOCATION ET D'Y TRAVAILLER AVEC TOUT SON ÊTRE.**❞**

LES MEILLEURS LEADERS S'AMUSENT

"C'est plutôt amusant de faire l'impossible, » a dit Walt Disney.

« Les gens réussissent rarement à moins qu'ils s'amusent à faire ce qu'ils font, » a écrit Dale Carnegie.

« Je n'ai pas travaillé une journée dans ma vie. C'était toujours amusant, » a dit Thomas Edison.

« Si vous surveillez un jeu, c'est amusant. Si vous le jouez, c'est récréatif. Si vous devez y travailler, c'est du golf, » plaisanta Bod Hope.

Et finalement : « Les filles veulent tout simplement s'amuser, » c'est ce que dit la chanson populaire du même nom. (Il y a au moins un peu de justification aux soupçons que le jury proverbial est toujours en train de délibérer au sujet de cette citation.)

Ce concept de s'amuser semble fréquent dans nos pensées et nos conférences. Tout le monde semble s'y attacher d'une manière ou d'une autre, y attacher une philosophie et

avoir une certaine compréhension de ce terme. Nous « avons du plaisir », nous « nous amusons » et certains nous appellent amusant. Par contre, que signifient au juste ces mots? Est-ce que ça pourrait être intéressant d'explorer les différentes facettes du plaisir lui-même?

Des économistes (qui par réputation sont fort probablement loin d'être des experts dans ce domaine) appelleraient tout probablement le « plaisir » un « bien ». Ceci n'est pas un jugement de valeur, comme si nous le comparons au mot « mal », mais plutôt un mot utilisé pour décrire les moyens pour atteindre ce que l'homme veut. Des biens peuvent être n'importe quoi apportant de la satisfaction à l'acteur économique ou à l'homme qui désire quelque chose. Vous voyez, de ce point de vue, ce n'est pas amusant!

Donc, essayons d'en trouver un autre. Les bohémiens sont célèbres pour leur vénération de ce mot « le plaisir » ou plutôt, sa réalisation dans leurs vies. Ils le traquent, le poursuivent, le convoitent, le chérissent et l'idolâtrent sans cesse et sans gêne.

Ensuite, il y a les légalistes dont leurs valeurs premières semblent être l'absence du plaisir, le non-plaisir ou l'anti-plaisir. Ils ont une absence de grâce et ont trouvé des règles. Les sourcils froncés et les visages sévères semblent indiquer que le plaisir est mauvais principalement parce que cela parait être amusant. (Ne soyez pas offensé. Tout ça, c'est pour s'amuser.)

Tellement de personnes vénèrent le plaisir tandis que d'autres l'interdisent. Et pourtant Disney, Carnegie et Edison, tous semblent indiquer que le plaisir lui-même est un facteur pour avoir une vie productive. Chacun de nous, sans aucun doute, a de bons souvenirs de moments amusants avec des personnes amusantes. Bref, c'est amusant de s'amuser (à ce point le lecteur doit sentir que nous ne sommes pas beaucoup plus loin qu'où nous avons commencé!)

Permettez-nous d'affirmer que le plaisir est un sous-produit d'un certain nombre d'autres bons facteurs, tous étant en place au même moment. Afin d'illustrer cette idée, considérons le négatif. Il est presque impossible « d'avoir du plaisir » quand quelque chose d'important ne va pas bien dans nos vies. Nous ne pouvons pas rire sincèrement et nous inquiéter en même temps. Nous ne pouvons pas vraiment nous amuser en étant dans le deuil, dans le regret ou dans la douleur. Le plaisir ne surgira pas dans notre vie à moins que les conditions soient bonnes. C'est à ce moment-ci que nous désirons peut-être regarder la définition officielle (pris du dictionnaire de Webster, la 2e définition) :

PLAISIR : UNE HUMEUR POUR TROUVER ET CRÉER DE L'AMUSEMENT.

Aha! C'est une humeur! Et bien, cela explique beaucoup de choses! Nos humeurs s'en vont et reviennent, changent et se métamorphosent en réaction à notre environnement, nos circonstances et comment nous choisissons de percevoir et de réagir à ces stimuli. Donc, le plaisir dans la manière que nous le considérons est une humeur agréable qui nous amuse.

Alors, pourquoi sommes-nous allés en profondeur avec ce point qui semble être un cheminement philosophique et assez évident en plus? Tout simplement pour réaliser que le plaisir et une humeur à être provoquée sous les bonnes conditions. Et pourquoi est-ce si bénéfique? Parce que vu ainsi, le plaisir peut être pris comme un outil. Quoi?

Oui, un outil. Le plaisir est une condition et selon Disney, Carnegie et Edison du moins, celle-ci en est une qui est productive, dans laquelle les gens s'amusent, sont divertis et pour laquelle ils sont reconnaissants. Autrement dit, c'est une bénédiction dans leurs vies. Quel meilleur outil, le leader en devenir, peut-il apprendre et utiliser que l'un qui bénit, enrichit, divertit et mène à la productivité? Et ceci (ne le manquez pas) est le but de cette sinueuse discussion : les meilleurs leaders comprennent comment s'amuser et comment invoquer le plaisir dans la vie des gens qui les suivent. Les meilleurs leaders savent quand alléger l'ambiance, comment organiser les circonstances d'une manière qui peut produire du plaisir et comment rendre les tâches partagées de leur équipe agréable. Ceci permet de réaliser plusieurs choses :

1. Une meilleure santé mentale des participants
2. Un sens partagé de joie (et ainsi d'appartenance)
3. Un manque de lourdeur qui mènerait a de mauvaises attitudes et à des perspectives négatives
4. Un soulagement de la tension qui empêche l'action productive et la pensée créative.
5. Moins de problèmes relationnels qui proviennent d'avoir été trop sérieux ou d'une perspective surdimensionnée de sa propre importance.
6. Les temps pris à faire les petites tâches passent plus rapidement.
7. Rends le travail plus attrayant et minimise la « peur des projets ».

Nous avons été témoin des leaders qui ont compris le pouvoir du plaisir injecté juste au bon moment dans des situations. Des moments de tensions ont été diffusés, des lourdeurs ont été levées et l'optimiste a été rétabli par de simples gestes amusants. D'autres leaders ont établi le plaisir comme un élément répandu dans la culture de leur entreprise. (Les lignes aériennes Southwest et Zappos nous viennent à l'esprit.) Les meilleurs leaders comprennent que travailler dans le domaine de leurs dons naturels est souvent le travail le plus plaisant qui existe pour cet individu et finalement, c'est à ceci que les citations du début font allusion. Lorsque nous faisons ce pour quoi nous avons été conçus, appelés à faire et profondément motivés à faire, nous allons aimer cela. Nous aurons du plaisir. Par conséquent, comme le dit l'auteur et le recherchiste Jim Collins, les meilleurs leaders s'assureront que les membres de leur équipe sont « dans les bons sièges de l'autobus. » Toutefois, ça va souvent prendre beaucoup de travail (qui ne sera pas très amusant) pour arriver au point où l'équipe est bien organisée et pour que les personnes qui l'ont mérité occupent les fonctions qui sont en lien avec leurs dons. Apprendre, s'efforcer et grimper sont des activités souvent très ardues et difficiles. C'est à travers ces épreuves que les meilleurs leaders émettent des doses de plaisir pendant qu'ils avancent. Le plaisir devient donc comme un lubrifiant dans une machine, il éloigne la chaleur, et enlève et minimise la friction.

Évidemment, la modération est importante. Ni les bohémiens ni les légalistes n'ont raison. Par conte, bien utilisé, le plaisir peut être un ajout très efficace dans le coffre à outils du leader. Ceci mènera à une plus grande productivité par des personnes plus heureuses.

Afin de terminer, considérons deux autres commentaires au sujet du plaisir.

« Je ne peux même pas imaginer où je serais aujourd'hui si ce n'avait pas été de ces quelques amis qui m'ont donné un cœur rempli de joie. Admettons-le, les amis rendent la vie beaucoup plus amusante. » – Charles Swindoll

« Skier relie les plaisirs extérieurs avec celui de défoncer des arbres avec son visage. » – Dave Barry

« Je peux en dire plus sur un leader en passant une heure avec son équipe qu'en passant une heure avec lui — La culture a de l'importante. »

« Apprendre, faire et enseigner est le cycle de la vie d'un leader. »

❝Une personne peut faire une différence.❞
❝Les choses sont rarement aussi mauvaises qu'elles le semblent ; habituellement, une meilleure perspective ou un petit bout d'une nouvelle preuve est tout ce qui est nécessaire pour rétablir la foi.❞

« N'importe qui peut jeter de l'argent à un problème, mais les leaders développent des solutions créatives. Pensez plus, dépensez moins, gagnez encore plus. »

« Si vous montez au sommet de la montagne, vous ne pouvez pas vous attendre à ce que les autres voient ce que vous voyez. »

❝Il n'y a presque rien qu'une personne peut faire qui en vaut la peine qui ne sera pas obstinément opposée par quelqu'un.❞

❝Les critiques sont des spectateurs.❞

« La plupart vivent la vie prudemment, même si aucun d'entre nous n'en sortira vivant. »

« Les limites d'un groupe de leadership sont atteintes lorsque le bénévolat se termine et l'obligation commence. »

Ce n'est pas ce qui vous arrive dans la vie, mais votre manière de penser à ce qui vous arrive dans la vie qui importe le plus.

Il est temps de commencer à croire que vous pouvez accomplir tout ce que vos rêves suggèrent.

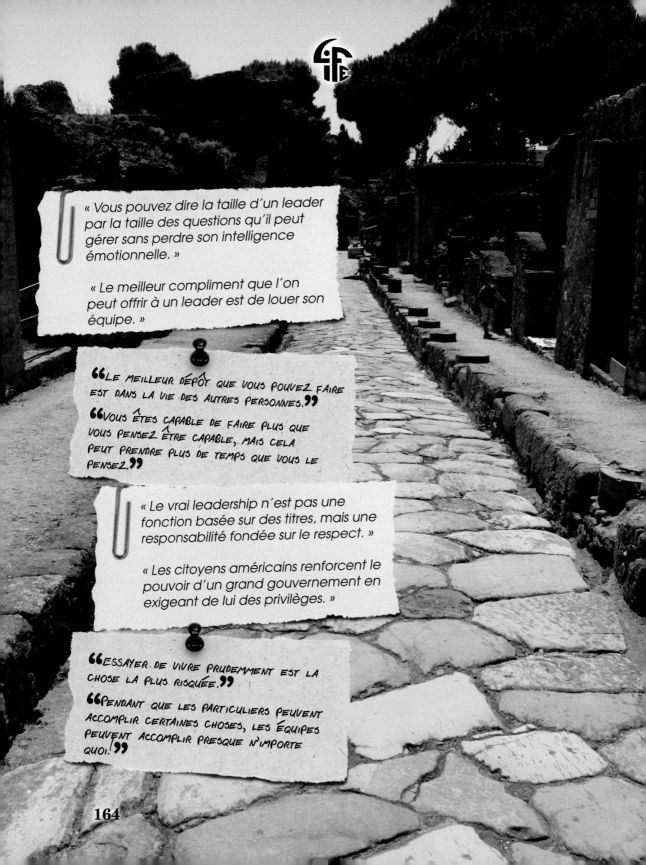

« Vous pouvez dire la taille d'un leader par la taille des questions qu'il peut gérer sans perdre son intelligence émotionnelle. »

« Le meilleur compliment que l'on peut offrir à un leader est de louer son équipe. »

❝Le meilleur dépôt que vous pouvez faire est dans la vie des autres personnes.❞

❝Vous êtes capable de faire plus que vous pensez être capable, mais cela peut prendre plus de temps que vous le pensez.❞

« Le vrai leadership n'est pas une fonction basée sur des titres, mais une responsabilité fondée sur le respect. »

« Les citoyens américains renforcent le pouvoir d'un grand gouvernement en exigeant de lui des privilèges. »

❝Essayer de vivre prudemment est la chose la plus risquée.❞

❝Pendant que les particuliers peuvent accomplir certaines choses, les équipes peuvent accomplir presque n'importe quoi!❞

Réponse-habilité

Être responsable signifie que nous sommes réponse-habile. Entre le stimulus et la réponse, nous les humains avons le pouvoir de choisir. C'est ce qui nous distingue des animaux qui se fient seulement à leur instinct. Merci à Stephen Covey de nous présenter cette perspective.

Alors, pour le reconnaître, nous devons évaluer notre « habileté de répondre ». Comment réussissons-nous à répondre aux obstacles de notre vie? À quel point sommes-nous efficaces avec nos réponses? Est-ce qu'elles sont mesurées, bonnes et appropriées? Sont-elles productives et stables sur le plan affectif?

Trop de personnes réagissent émotionnellement, comme un enfant, sans réfléchir et témérairement aux choses qui se produisent dans leur vie. Étrangement, je prétends qu'ils aiment cela! Hier, j'ai observé un homme dans la trentaine qui parlait sur un téléphone cellulaire dans une toilette publique, il reprochait quelqu'un en se regardant dans le miroir. La seule chose plus drôle que ce qu'il disait était comment il le disait. Il semblait avoir du plaisir à agir comme un idiot.

> *Entre le stimulus et la réponse, nous les humains avons le pouvoir de choisir.*

Ne soyez pas comme lui. Éloignez-vous des singeries et des réponses instinctives qui devraient être laissées aux animaux. Soyez un être humain émotionnel et mature, avec de l'amour dans votre cœur, de la compréhension dans votre voix et de la résolution dans votre attitude. Souvenez-vous que peu importe ce qui vous arrive, c'est dans votre liberté de choix de bien répondre. Choisissez. Et choisissez sagement.

À QUEL POINT VOTRE NIVEAU DE « RÉPONSE – HABILITÉ » EST-IL ÉLEVÉ?

« Vous ne pouvez pas saisir votre avenir jusqu' ce que vous l chiez prise de votre pass . »

« Les leaders cherchent pour des raisons gagner tandis que les autres cherchent pour des raisons l cher. »

« La plupart des gens sacrifient la vérité pour une promotion pendant que quelques-uns sacrifient la promotion pour la vérité. »

« Les masses sont motivées par un intérêt personnel, mais le démagogue sait que la haine est plus forte que l'intérêt personnel. »

UN BON LIVRE EST DIFFICILE À TERMINER PARCE QU'IL OBLIGE CONTINUELLEMENT LES PERSONNES À LE DÉPOSER ET À PASSER À L'ACTION!

LES MÊMES VERTUS QUI ONT RENDU L'AMÉRIQUE LIBRE SERONT NÉCESSAIRES POUR LA MAINTENIR LIBRE.

« Pourquoi les personnes qui semblent en savoir beaucoup en font si peu? »

« La grâce est un pardon non mérité reçu par la repentance. Ne déshonorez pas la grâce en ne pardonnant pas les autres qui se repentent vraiment. »

MÉFIEZ-VOUS DE QUICONQUE EST TROP SÛR DE LA FAÇON DONT LE MONDE FONCTIONNE

LE LEADERSHIP EST UN ART RÉALISÉ PAR LES GENS IMPARFAITS CONDUISANT D'AUTRES GENS IMPARFAITS DANS UN AVENIR IMPARFAIT QU'AUCUN D'EUX N'A ENCORE VU.

Ma destinée est rétablie
par des instances supérieures

Pulvérisés par des décisions brisées
N'ayant plus de confiance dans l'homme,
Les gens périssent par leur manque de vision,
Mon cœur est blessé dans son for intérieur.

L'honneur et le caractère vigoureusement attaqués,
La foi lancée au sol
Mon courage et ma force sont sur le bord d'échouer,
Je suis perdu, essayant de me trouver par tâtonnement.

J'ai fixé l'abîme sombre,
Cherchant du soulagement,
Ne trouvant rien que le désespoir,
Dans mon incroyance incertaine.

Perplexe sans indices,
Accablé par ma perte,
Une réponse résonne, ayant fait ses preuves,
Le Fils de l'Homme sur la croix.

Perdu et infecté par la maladie du péché
Satan se moquant de moi, un coup après l'autre
Je me rends me prosternant sur mes genoux,
Sentant le sang de Jésus qui commence à couler.

Aveuglé par Sa lumière,
Sa gloire révélée en toute sa puissance,
La mort conquise par Sa force,
Le plan de Dieu miséricordieusement dévoilé.

Le bien vainc le mal dans un combat,
Un moins que rien devient quelqu'un par Son amour,
Jésus Christ, quelle vue précieuse
Ma destinée est rétablie par des instances supérieures.

167

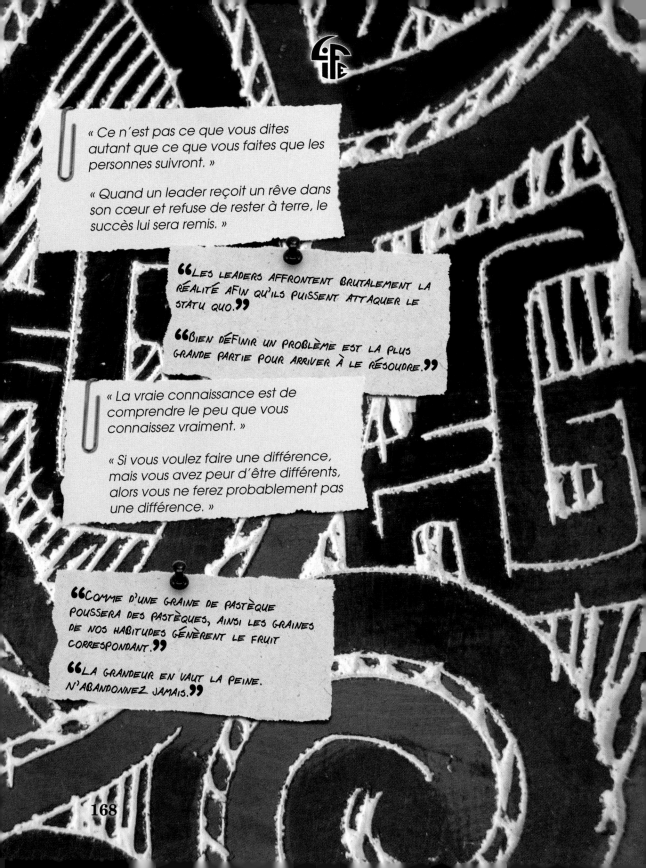

« Ce n'est pas ce que vous dites autant que ce que vous faites que les personnes suivront. »

« Quand un leader reçoit un rêve dans son cœur et refuse de rester à terre, le succès lui sera remis. »

66 LES LEADERS AFFRONTENT BRUTALEMENT LA RÉALITÉ AFIN QU'ILS PUISSENT ATTAQUER LE STATU QUO. 99

66 BIEN DÉFINIR UN PROBLÈME EST LA PLUS GRANDE PARTIE POUR ARRIVER À LE RÉSOUDRE. 99

« La vraie connaissance est de comprendre le peu que vous connaissez vraiment. »

« Si vous voulez faire une différence, mais vous avez peur d'être différents, alors vous ne ferez probablement pas une différence. »

66 COMME D'UNE GRAINE DE PASTÈQUE POUSSERA DES PASTÈQUES, AINSI LES GRAINES DE NOS HABITUDES GÉNÈRENT LE FRUIT CORRESPONDANT. 99

66 LA GRANDEUR EN VAUT LA PEINE. N'ABANDONNEZ JAMAIS. 99

168

Ce n'est pas si simple

Se poser les bonnes questions sur vous-même est une clé pour arriver à de bonnes réponses. Une telle question devrait être : Comment est-ce que je peux le simplifier?

Une des choses les plus faciles à faire en toute chose est de compliquer les choses. Nous compliquons nos tâches, nos vies, nos emplois et nos relations. Nous semblons être maîtres de l'ajout : nous ajouter la responsabilité, la charge de travail, la possession, le stress et la pression à nos jours. Nous ajouter des caractéristiques à nos équipements, des modifications à nos jouets et des événements à nos calendriers. Il semble que la réponse à toute question implique toujours plus.

Qu'est-ce qui arriverait si ceci n'était pas la réponse?

Et si la réponse aux meilleures questions impliquait moins?

Et si le grand déblocage dans votre entreprise, carrière ou autre résidait dans votre habileté de simplifier ce que vous faites actuellement?

Et si vous pouviez tailler, condenser et simplifier?

Et si vous pouviez vous rendre les choses plus faciles et plus simples?

N'importe qui peut additionner; il faut du courage pour soustraire.

> Se poser les bonnes questions sur vous-même est une clé pour arriver à de bonnes réponses.

ALORS, COMMENCEZ À RÉFLÉCHIR : RÉFLÉCHISSEZ À MOINS, À PLUS FACILE ET À PLUS SIMPLE ET FAITES-NOUS CONFIANCE, CE N'EST PAS AUSSI FACILE ET SIMPLE.

Vous m'avez dit autrement

Je la pensais une beauté
et s'est épris à son sourire,
mais vous m'avez dit autrement
soupçonnant sa ruse.

J'aimais ses histoires
et pensais qu'elles étaient drôles,
mais vous m'avez dit autrement
dit ne pas croire la moitié.

Leur groupe m'a recueilli
et m'a fait sentir du parti,
mais vous m'avez dit autrement
et les avez réduits en morceaux.

Je me demande comment la vie
se vit en marchant dans vos chaussures,
où personne n'est assez bon
et aucun vous approuvez.

Il est bon que vous soyez là
pour montrer les défauts des autres,
j'aurais sans doute pensé qu'ils étaient bien
si vous ne causez aucune pause.

Mais vous me faites réfléchir
comment triste qu'il doit être,
de voir de simples eaux effrayantes
en regardant la mer.

Vous m'avez dit de vous
et vouliez mon éloge,
mais vous m'avez dit autrement
En vivant de cette manière.

170

« Les leaders paresseux jettent de l'argent sur les problèmes, mais les bons leaders leur appliquent de meilleures pensées. »

« Les vents de changement peuvent être utilisés comme un cerf-volant pour vous faire monter plus haut ou comme un virevoltant pour vous secouer par-ci par-là. »

« La bataille dans les tranchées de nos habitudes est où le succès est gagné ou perdu. »

« La plupart des gens ont un point spécifique où leur pragmatisme l'emporte sur leurs principes. »

« Votre entreprise changera, soit dirigée par vous ou par vos concurrents. »

« Les leaders doivent mener les gens et gérer les nombres, mais la plupart gèrent les personnes et endommagent les nombres. »

« Nous avons plus besoin du leadership sur les lignes de frontque dans les coulisses. »

« La meilleure façon pour les leaders de recevoir plus de responsabilités est d'être fidèles à leurs responsabilités actuelles. »

LES LEADERS SONT DES MARCHANDS EN PERSPECTIVE. LORSQUE SURVIENT UNE CRISE, LES LEADERS GARDENT LA TÊTE HAUTE PARCE QU'ILS GARDENT LES CHOSES EN PERSPECTIVE.

LA POURSUITE D'UN SENS ET DU SERVICE EST LA VOIE LA PLUS SÛRE VERS LE BONHEUR.

« Le plus que j'étudie les habitudes de celui qui réussit et celui qui ne réussit pas, plus je suis convaincu que le succès n'est pas un accident. »

« Ne laissez pas les choses qui sont hors de votre contrôle vous empêcher de faire les choses que vous pouvez contrôler. »

LE PLUS QUE J'ÉTUDIE LES HABITUDES DE CELUI QUI RÉUSSIT ET CELUI QUI NE RÉUSSIT PAS, PLUS JE SUIS CONVAINCU QUE LE SUCCÈS N'EST PAS UN ACCIDENT.

LA LIBERTÉ EST UN ENFANT DE LA RESPONSABILITÉ.

172

L'amitié

Il existe des milliers de livres sur l'argent, les affaires, le mariage, l'éducation des enfants, l'alimentation, l'exercice, la cuisson et le jardinage. Curieusement, toutefois, est la rareté des livres en lien avec l'amitié.

Il y a un peu plus d'un an, ma femme a subi une chirurgie du cerveau pour supprimer une grande tumeur. C'était physiquement traumatisant, mettant en danger sa vie, et très effrayant. Terri est sortie de cette expérience en pleine santé et était évidemment armée d'une autre bénédiction provenant directement de Dieu. Les épreuves comme celles-ci démontrent beaucoup de choses. Tout d'abord, ils ont un pouvoir stupéfiant pour nous aider à réaligner nos priorités. Et deuxièmement, ils révèlent les véritables amis dans une vie.

Pendant cet événement, il y avait des visiteurs et des sympathisants, des gens qui nous envoyaient des repas, d'autres nous offraient des cartes. Plusieurs ont monté jusqu'à la salle d'attente et ils ont veillé toute la journée de l'intervention chirurgicale, certains retournant le lendemain matin, d'autres restant la nuit. Terri avait une amie infirmière qui aidait dans la salle de récupération la première nuit et une autre qui attendait à notre maison lorsqu'elle a eu son congé de l'hôpital. À partir du moment où elle arriva à la maison plusieurs semaines après, Terri reçu des soins permanents à partir d'une armée d'amies qui s'était mobilisées, qui s'étaient organisées un horaire, plongeant sur la scène pour nourrir, soutenir, administrer des médicaments, fournir des services de garde d'enfants et pour tout simplement « être là ».

C'était génial.

C'était l'amour en mouvement.

C'était véritablement ce qu'on appelle l'amitié.

L'amitié est difficile à définir. Il n'a pas les engagements officiels comme le mariage. Il n'a pas de liens familiaux comme la parentalité ou les relations avec les frères et sœurs. Il ne comporte aucune définition cohérente. Par contre, comme le grand art, tout en défiant la description, il est facilement identifiable lorsqu'il est vécu.

La chirurgie de Terri a été un rappel pour nous à la fois de la valeur de vraies amitiés dans notre vie. Nous chérissons les gens incroyables que Dieu a placés autour de nous et nous prions d'être le genre d'amis avec eux comme ils l'ont été pour nous.

Des amitiés ne doivent jamais être tenues pour acquises, car elles fournissent l'enracinement, le réconfort, la camaraderie, la profondeur, le sens à la vie et la jouissance. Prêtez attention aux amitiés dans votre vie. Entretenez-les. Investissez-vous. Contribuez à la relation. Servez. Riez, vivez et forgez un resserrement des relations qui sont véritablement l'un des plus grands trésors de la vie.

66Certaines personnes trébuchent sur la vérité, se relèvent et continuent leur chemin comme si rien n'est arrivé.99

66Lorsque nous sommes encombrés avec les défis financiers, de nombreuses personnes se recroquevillent comme un petit insecte rond et dodu.99

« Être grand n'est pas pour ceux qui s'essaient, ni pour ceux qui y réfléchissent, mais pour ceux qui décident ».

« Vous pouvez réussir au-delà de votre passé, mais pas au-delà de votre conviction. »

66La vie est une question de ce que vous donnez et non de ce que vous recevez.99

66Étant contreculture et courant vers la foule exigent des efforts, mais c'est enivrant.99

« Qu'est-ce qui arriverait si nous exigions de nous-mêmes la même excellence que nous exigeons de nos héros sportifs? »

66Cela peut paraître évident, mais celui qui écrit doit d'abord avoir quelque chose à dire.99

« La vraie liberté veille à ce que personne n'empiète sur votre droit à l'erreur, à moins que votre erreur empiète sur la liberté d'un autre. »

66Nous considérons être profondes ces choses qui entrent dans notre compréhension en passant par une fenêtre dont nous ne savions pas que nous possédions.99

66La créativité exige beaucoup de travail comme une condition pour sa libération. Ensuite, plus tard, l'ouvrier est insulté quand on utilise le mot `talent`.99

66N'importe qui peut bien commencer. C'est finir, qui est important.99

« Si vous tentez de plaire à tout le monde tout le temps, vous ne plairez pas à personne, y compris vous-même, la plupart du temps. »

66Le leadership est un assaut planifié sur le statu quo.99

Multum, Non Multa

C. Plinius Caecilius Secundus (61 – 114 A.D.), aussi connu comme Pline le Jeune, a dit : *"Multum, Non Multa."* Traduit, il signifie : « Beaucoup et non nombreux. »

Je ne suis pas certain de ce qu'il entend par ces mots ou pourquoi il les a dits, après tout, je ne suis pas philologue. Et, étant donné qu'il est mort depuis longtemps, je me sens tout à fait libre dans l'interprétation suivante : la qualité et non la quantité.

Pensez aux nombreuses applications qu'elle peut donner à notre vie moderne, occupée, frénétique et matérialiste.

Tel qu'appliquée à nos amitiés.

Tel qu'appliquée à nos biens.

Tel qu'appliquée à nos réalisations.

Nous échangeons tellement de nous-mêmes et plus, plus, encore plus, lorsque nous devrions plutôt exiger mieux, mieux, encore mieux.

Mon dicton préféré dans le film *Expert en séduction* était : « La vie n'est pas le nombre de respirations que vous prenez, c'est les moments que votre souffle est coupé. » Ces moments sont à la disposition de nous tous. Elles existent dans les écarts, entre les choses que nous avons prévues, planifiées, organisées et orchestrées. Elles se produisent autour de tous les autres événements que nous nous trompons, en pensant qu'ils sont importants. Soudain, l'un de ces petits moments se produira : une accolade, une question mignonne d'un enfant, un chaleureux compliment d'un ami, un acte de gentillesse provenant d'un étranger, un coup d'œil honnête d'une connaissance, et comme entendre une vieille chanson, nous nous souvenons.

Ne nous préoccupons pas trop à parvenir à notre but que nous les laissons nous échapper.

Ne soyons pas si pressés de nous rendre compte que nous ne vivons pas ce qui est ici même, au présent.

Ne soyons pas obsédés à gagner une vie, que nous ne réussirons pas à faire

Beaucoup et non nombreux.

« La vérité est douce aux oreilles, mais douloureuse au cœur, jusqu'à ce que vous vivez en conséquence. »

« La sagesse humaine conduit à l'orgueil, mais la sagesse divine, mène à l'humilité. »

N'OUBLIEZ PAS : VOS CLIENTS VEULENT VRAIMENT ÊTRE ÉTONNÉS. ILS SE TIENNENT PRÊTS À VOUS VANTER.

TRÈS BIEN. JE COMPRENDS QUE NOUS SOMMES ICI POUR SERVIR LES AUTRES. MAIS EUX, POURQUOI SONT-ILS LÀ ?

« Un gouvernement honnête devrait être moins la voix du peuple et plus la voix de la justice. »

« Écoutez bien : le leadership au plus haut niveau, relève plus de l'écoute que de la parole. »

APPRENDRE EST TELLEMENT PLUS AMUSANT, JE ME DEMANDE COMMENT ILS ONT RÉUSSI À LE RENDRE NON AMUSANT, PENDANT MES ANNÉES DE SCOLARISATION FORMELLE.

J'AI VU DES GENS, QUI AVAIENT TELLEMENT DE LONGS VISAGES, QUE CELA PRENDRAIT DEUX COIFFEURS POUR LES RASER.

NE VOUS CONTENTEZ PAS DE LEUR DIRE — RACONTEZ-LEUR UNE HISTOIRE

Les films en couleurs étaient instantanément plus populaires que la variété précédente en noir et blanc. Les enfants résistent aux instructions directes, mais *demandent* que nous leur racontions des histoires. Nous nous souvenons de ce que nous voyons beaucoup plus, que ce que nous avons tout simplement entendu. Tous ces faits et plus encore, nous disent que la communication est presque toujours mieux lorsqu'elle est alignée avec la tendance naturelle de l'homme de réfléchir et d'apprendre avec des images et des histoires.

Les histoires sont plus qu'un simple divertissement — ils sont la langue de l'imagination.

Ne soyez donc pas si prompt de précipiter vos faits et vos chiffres, gardez vos platitudes et vos sermons dans l'étui et laissez faire vos discours et vos proclamations. Si vous voulez vraiment communiquer, que se soit à de grands auditoires ou à des petits, officiellement ou officieusement, à travers un mot écrit ou parlé, vous devez réaliser l'importance de créer une image dans l'(les) esprit(s) de votre récepteur(s).

Exemple : Quand j'étais un simple ingénieur, commençant juste dans la profession, j'ai eu l'occasion d'être jumelé avec plusieurs vieux messieurs qui étaient extrêmement accomplis dans le domaine. Ces gens étaient tellement doués dans les choses techniques qu'ils menaient des compétitions pour voir qui pourrait résoudre des énigmes complexes et des devinettes le plus rapidement. J'avais hâte d'apprendre tout ce que je pouvais, à partir d'une telle richesse d'expérience autour de moi. Malheureusement, beaucoup de ces richesses m'étaient inaccessibles, parce que j'avais l'impression de ne jamais pouvoir capter beaucoup de ce que ces hommes partageaient avec tant de désinvolture. Un bon exemple, il y avait une discussion un jour lors d'une réunion, au cours de laquelle j'ai posé une question à l'un de ces hommes. Je voulais tout simplement avoir une reformulation de sa conclusion à une série complexe de données qu'il avait présentée, quelque chose qui ressemblait à : « Donc serait-il préférable d'utiliser le cuivre ou le magnésium pour cette application? » Je n'oublierai jamais la réponse. Ce n'était pas « le cuivre ».

Ce n'était pas « le magnésium ». Ni les « deux », ou « aucun ». Au lieu d'une simple réponse, j'ai eu une réponse qui ressemblait à quelque chose comme ceci : « Bien, si vous regardez à la deuxième colonne, le cuivre est 67,98 et le magnésium est 56,37. » La raison que sa réponse, n'a pas répondue à ma question, est qu'il me forçait à construire ma propre image en partant de ses données qui, bien qu'apparemment clairs et logiques pour lui, n'était rien de plus que des chiffres pour moi. Je n'avais pas de contexte pour comprendre la signification ou l'ampleur de ses résultats numériques. Bref, ce que j'avais besoin qu'il fasse, c'était de me peinturer l'image et non pas me donner les dimensions du cadre.

Dans le paragraphe ci-dessus, qu'ai-je fait? J'ai donné une illustration, qui (j'espère) démontre mon point — la meilleure communication se fait par le biais d'illustrations!

Apportez vos points de vie avec des illustrations.

Communiquez par le biais d'histoires. Apportez vos points de vie avec des illustrations. Donnez des exemples dans la mesure du possible. Trouvez des analogies, des comparaisons et des métaphores. J'ai appris dans un livre de Stuart Olyott, que les meilleurs prédicateurs en premier indiquent leur message, l'illustrent et ensuite, l'appliquent pratiquement à la vie de leurs auditeurs. C'est un sage conseil, non seulement pour les prédicateurs, mais aussi pour tout le monde qui souhaite communiquer plus efficacement. Autrement, l'ensemble de vos connaissances, votre préparation et vos résultats, vos platitudes et vos conclusions, ne seront même pas entendus — beaucoup moins compris ou l'on ne se souviendra pas pendant longtemps.

“Une chose que les cinglés du gouvernement du monde n'ont probablement pas envisagée est à quel point ceci rendrait ennuyeux les Olympiques.”

“Les foules sont prévisibles, mais des individus le sont beaucoup moins. Les théoriciens, les économistes, les sociologues, méfiez-vous.”

« Notre gouvernement ne sert plus les É.-U. d'antan, mais sert les Étatismes unis de l'Amérique. »

« Deux mauvaises actions ne font pas une bonne donc ne vous détrompez pas en relevant les défauts des autres pour pardonner vos mauvaises conduites. »

“Le soleil est génial. Je pense vraiment que je fonctionne par l'énergie solaire. Je me demande si je peux obtenir des crédits de carbone pour cela.”

“Une grande partie de mener est d'enseigner.”

« Ne soyez pas enivré par la richesse, ni déprimé par l'adversité. — Tous les grands leaders doivent avoir un contrôle émotionnel afin de s'élever au-dessus de la situation. »

« Toutes vos faiblesses sont seulement des tremplins pour vos forces futures. »

Des leaders comme des pistolets de service

Un fermier circulait le long d'une petite route isolée se dirigeant vers sa petite ferme une soirée au crépuscule lorsqu'il s'est assoupi et a quitté la route. Les fossés étaient profonds dans cette région et son camion surchargé s'est enfoncé dans la crevasse boueuse et s'est finalement posé sur le côté. Malheureusement, le fermier transportait un cochon et une vache. Tous les deux étaient piégés sous le camion et gémissaient de douleur. Quelque temps plus tard, un agent de la police passait par là et remarqua les phares du camion pointant curieusement le long du fossé. Sortant de sa voiture de patrouille pour enquêter, le policier entendit les cris aigus du bétail mourant. Étant très clément, le policier retira son pistolet de service et tira dans la tête de la vache souffrante, la tuant immédiatement. Le porc gémissait encore plus fort. Dans l'instant suivant, le policier l'a aussi délivré de sa misère. À ce moment, le fermier reprit ses esprits et commença à essayer de se libérer de la carcasse du camion écroulé. L'agitation a retenu l'attention du policier qui lui demanda, « Êtes-vous blessé? » Le fermier répondit : « Non, je ne me suis jamais senti aussi bien de toute ma vie!!! »

Parfois servir signifie différentes choses pour différentes personnes. Dans le cas « du pistolet de service » dans l'histoire précédente, c'était un instrument de pitié pour les animaux et de danger pour le fermier. De même pour le leadership dans la vie de ceux que nous affectons. Nous pouvons avoir des tendances et des forces qui sont efficaces pour certains et nuisibles à d'autres. C'est à ces moments que les meilleurs leaders comprennent que le leadership, avec le plus d'impact, implique souvent de bien traiter les gens comme des individus.

Je sais que dans ma propre expérience de leadership je me vois « aller doucement » avec certains et « de frapper fort » avec d'autres. Ceci, parce que nous sommes des individus créés uniques et infiniment complexes. Nous sommes créés à l'image de Dieu avec des caractéristiques spéciales, des habiletés, des dons et des tendances. Je peux seulement souhaiter avoir la bonne « habileté » d'un tel traitement individualisé!

Cependant, il y a une leçon plus simple à retirer de l'histoire du fermier et du policier; ceci est le service. Le policier essayait d'aider. Il a vu un besoin et a fait son devoir. Ceci démontre la bonne fonction d'un leader. Les leaders servent. Les leaders ne doivent pas s'asseoir dans une fonction d'autorité et profiter de leur titre. Ils servent à maintes reprises dans différentes situations et dans de différentes circonstances.

En fait, les leaders peuvent se dire qu'ils sont des « pistolets de service » : allant d'une personne à une autre et d'une occasion à une autre pour « être » de service. Leurs privilèges ne sont pas pour leur plaisir, mais plutôt pour leurs objectifs.

L'objectif d'un leader est une considération de plusieurs facettes, incluant démettre et de poursuivre une vision, servir les autres, se sacrifier pour un enjeu plus important, se positionner dans cet espace où les autres ne se tiennent pas, s'accrochant fermement aux principes, se battant pour des causes, prenant des responsabilités, accordant le crédit, éliminant les obstacles, développant plus de leaders, les habilitant à faire ce qu'il a à faire et les encourageant.

Les orchestrations, l'administration, la gestion et la coordination doivent aussi être examinées; normalement en plaçant les autres avec les dons requis dans les bonnes positions. Bref, le leadership est de donner ce que vous avez aux autres afin qu'ils puissent donner collectivement (et accomplir) plus que cela aurait possiblement été autrement. Nous additionnons lorsque nous *faisons*, mais nous multiplions quand nous *menons*.

Considérez vos dons, votre fonction, vos habiletés et vos bénédictions. Mobilisez ces actifs pour servir les autres partout où vous êtes, peu importe qui vous êtes et avec ce que vous avez, quand vous le pouvez.

AINSI, VOUS MÈNEREZ; VOUS SEREZ UN PISTOLET DE SERVICE. IL NE FAUT TOUT SIMPLEMENT PAS TIRER DE FERMIER.

« Écrire un livre, c'est comme écrire une lettre à tous vos amis, actuels et futurs. »

« Ne me parlez pas de vos craintes, parlez-moi de vos rêves. Mettez votre âme en feu avec le but de votre vie et les craintes seront reportées. »

L'inspiration : l'impulsion d'une conviction à un moment clé, représentant qui nous sommes véritablement dans tous les autres moments.

Mariage : où deux personnes promettent de rester ensemble dans les moments denses et la santé.

« Quel serait votre rêve si vous saviez que vous ne pouviez pas échouer? Il faut un effort tout aussi important de poursuivre un petit rêve comme un grand rêve. »

« Parfois, vous avez besoin de faire un pas en arrière pour avancer trois pas vers l'avant. »

La vie égoïste n'est pas digne d'être vécue. D'ailleurs, la vie des coquillages n'en vaut pas la peine, non plus.

La compassion est fondamentale pour le leadership.

« Vous ne pouvez pas être honnête avec les autres jusqu'à ce que vous cessiez de vous tromper vous-même. »

« Vous pouvez être sur la bonne voie et encore vous faire renverser si vous n'êtes pas en mouvement. »

LES MEILLEURS LEADERS BÂTISSENT UN ÉDIFICE AVEC LEURS VIES, AJOUTANT QUOTIDIENNEMENT AUX RÉALISATIONS ANTÉRIEURES.

LA PORTE DE LA SALLE DE SUCCÈS OSCILLE SUR LES CHARNIÈRES DE L'OPPOSITION

« Vous pouvez manquer d'argent, de temps, de contacts et de connaissances, mais tous peuvent être surmontés avec la faim. »

« Les leaders prennent des décisions et ensuite s'assurent que leurs décisions sont bonnes par leurs efforts. »

NOUS NE RECEVONS PAS TOUJOURS CE QUE NOUS VOULONS ET NOUS NE RECEVONS PAS TOUJOURS CE QUE NOUS MÉRITONS (AU MOINS DANS CETTE VIE), MAIS NOUS AVONS UNE TENDANCE À RECEVOIR CE QUE NOUS IMAGINONS.

« Vous n'êtes pas libre lorsque quelqu'un peut plier votre volonté par des menaces de la force, mais pas la force de la raison. »

« La vie est une série d'ascension de montagne; la clé est de ne jamais être trop à l'aise au camp de base. »

66LA PLUS ENNUYEUSE PERSONNE À FRÉQUENTER EST CELLE QUI CROIT QU'IL OU ELLE EST FINI (NE PEUT PAS EN FAIRE PLUS).99

66L'ÉDUCATION NE SIGNIFIE PAS SAVOIR LIRE, MAIS ÊTRE EN MESURE DE DISCERNER CE QUI VAUT LA PEINE D'ÊTRE LU.99

« Jamais dans l'histoire des idées, a-t-il eu tant de personnes qui en connaîssent tellement peu, pendant si longtemps. »

« Que vaut la grandeur sans une bonté correspondante? »

66EN FIN DE COMPTE, VOTRE ARGENT DOIT TRAVAILLER POUR VOUS, VOUS NE DEVRIEZ PAS TRAVAILLER POUR ELLE.99

66PLUS VOUS ÊTES INTÉRESSÉS AUX AUTRES, PLUS VOUS DÉCOUVRIREZ DE CHOSES DE CE MONDE ET MIEUX VOUS VOUS COMPRENDREZ.99

❝Cheminer vers le succès comme un étudiant et non un cynique.**❞**

❝ L'un des comportements humains les plus amusants est l'ignorance passionnée.**❞**

« N'enviez pas les dons des autres, mais associez-vous à eux. »

« Une mise au point : La vie n'est jamais aussi bonne qu'elle paraît à son meilleur et jamais aussi mauvaise qu'elle paraît à son pire. »

❝Les poètes ont le don pour faire en sorte que les choses semblent plus belles qu'elles ne le sont en réalité.**❞**

❝Nous devrions prendre tout au sérieux sauf nous-mêmes.**❞**

« J'ai peur de l'insignifiance plus que je crains l'échec. »

« Vous pouvez soit apprendre de vos erreurs ou faire des excuses pour vos erreurs, mais vous ne pouvez pas faire les deux. »

Répondre aux signaux de détresse de la liberté

LIFE - VIE est un mouvement d'entrepreneurs dévoués à élever la barre sur eux-mêmes et leurs communautés pour la vie. Réussir régulièrement n'est jamais réalisé sans un objectif vers l'excellence. Souvent, les gens choisissent des moyens agréables et acceptent ensuite n'importe quels résultats qui surviennent. Par contre, les gagnants choisissent des résultats agréables et acceptent n'importe quels moyens nécessaires pour le réaliser. Gagner est pour quelques-uns, mais n'importe qui peut choisir de faire partie de ce peu – ce peu qui fera ce qu'il faut pour gagner — ce peu qui choisit de vivre intentionnellement pour l'excellence.

Le succès personnel n'est pas le seul impact de vivre pour l'excellence. La société d'aujourd'hui est debout à la croisée des chemins. Les gens se rendent compte que le monde de l'entreprise n'est pas une garantie pouvant aller « du berceau au tombeau » qu'il était dans les décennies suivant la Deuxième Guerre mondiale. Cependant, plusieurs ont été formés seulement pour travailler pour quelqu'un d'autre, se concentrant sur la sécurité et non sur l'occasion. Qu'arrive-t-il à une société dans laquelle un grand pourcentage de personnes a été formé pour se trouver « un travail sécuritaire », mais peu de ces emplois sont disponibles? La société court vers le « grand frère » gouvernement, cherchant la sécurité que le gouvernement ne peut fournir. L'histoire est remplie d'exemples du gouvernement étouffant l'esprit entrepreneurial, étranglant le moteur producteur de l'avancement d'une société et sonnant la dernière heure de plusieurs civilisations, dans une tentative « d'aider les citoyens vulnérables ». L'Amérique du Nord est debout à la croisée des chemins ou bien il court pour en recevoir encore plus de gouvernement, (et dans le processus même livrant sa liberté et son avenir) ou retourne à ces racines, fournissant la liberté et la justice pour n'importe quel rêveur qui veut prospérer.

Il est temps d'envoyer un avertissement à tous les esprits entrepreneuriaux à travers l'Amérique du Nord. **Nous sommes des entrepreneurs, des leaders et des rêveurs** qui avanceront au marbre et s'élanceront pour la clôture. — qu'ils gagnent ou qu'ils perdent? Le temps des discours est terminé et le temps pour passer à l'action est à nos portes. Ceux-ci sont des temps historiques avec des conséquences historiques. Comme les pères fondateurs ont fait au 18e siècle, engageons-nous pleinement avec notre richesse, nos vies et notre honneur sacré dans cette noble cause pour reconstituer le rêve américain. La liberté nous envoie un signal de détresse. Répondons à cet appel et devenons l'étincelle qui enflamme un nouveau mouvement pour la liberté et la justice.

« Quelle est la différence entre avoir du tact et être politiquement correct? Avoir du tact est la capacité de dire la vérité dans l'amour. Être politiquement correct est abandonner les principes pour la paix. »

« La tragédie avec le temps correspond à l'humour. Apprenez à rire si vous envisagez d'endurer. »

❝LES VRAIS LEADERS ONT UNE INFLUENCE PARCE QU'ILS ONT DU CARACTÈRE, OBTENEZ DES RÉSULTATS, PARTAGEZ LES BÉNÉFICES ET ACCEPTEZ LE BLÂME.❞

❝LES VRAIS LEADERS ONT DE L'INFLUENCE, PARCE QUE D'AUTRES CROIENT EN LEUR CAUSE.❞

« Il est facile d'être positif lorsque tous sont positifs, mais vous savez que vous êtes positive quand tous sont négatifs et que vous êtes toujours positif. »

« Parlez et négociez dans la vérité – Les trompeurs sont trompés par leurs propres illusions. »

❝DES RELATIONS SOLIDES VIENNENT EN SOUTIEN POUR DES ORGANISATIONS SOLIDES..❞

❝N'OUBLIE JAMAIS QUE TOUT LE MONDE A QUELQUE CHOSE À OFFRIR. CERTAINS ONT SIMPLEMENT BESOIN DE L'ENCOURAGEMENT POUR LE FAIRE MONTER À LA SURFACE.❞

189

« La libre entreprise est l'application cohérente de la liberté appliquée au marché. »

« N'importe qui peut commencer un voyage de mille milles, mais seulement ceux avec de la persévérance terminent le voyage. »

« Je ne tolère pas les imbéciles; je les apprécie. »

« Je vous ai offert un sou pour vos pensées. Je n'ai pas demandé d'ajouter "votre grain de sel". »

« Je préférerais rêver et échouer plutôt que d'échouer à rêver, parce que j'apprends des leçons de mes erreurs qui me propulsent vers la victoire. »

« Le grand gouvernement corporatisme — un programme où toutes les personnes élisent les puissants pour bénéficier aux quelques-uns au détriment de la majorité. »

« Très peu de ce qui vaut la peine peut être accompli sans la coopération des autres. »

« Changez vos excuses pour expliquer pourquoi vous ne pouvez pas en des raisons pour lesquelles vous devriez! »

CHRIS BRADY

En plus des autres livres sur le leadership, les affaires et bâtir des communautés, Chris Brady est l'auteur du livre Rascal, qui est, comme Chris, vraiment drôle, amusant et brillant avec de la personnalité, et il est coauteur du livre à succès du New York Times, *Lancer une révolution en leadership*. Son livre le plus récent *Un mois en Italie : Redécouvrir l'art de prendre des vacances* a été acclamé par les critiques comme « un chef d'œuvre, amusant, songeur et profond tout en même temps. » Il est sur la liste des 100 meilleurs auteurs à suivre sur Twitter (@RascalTweets). Le programme de maîtrise en ligne l'a choisi son blog (www.chrisbrady.com) pour une récompense des maîtres en leadership.

À l'origine, il a étudié comme ingénieur, M. Brady s'est mérité un baccalauréat ès sciences en génie mécanique à l'Université Kettering (anciennement GMI) et sa maîtrise ès sciences en génie des systèmes de fabrication de l'Université Carnegie-Mellon comme « General Motors Fellow ». Il a soutenu son travail de thèse de maîtrise à l'Université Toyohashi au Japon.

Chris est un passionné de motos, pilote, voyageur du monde, bâtisseur de communautés, admirateur du soccer, humoriste, historien et papa. Il possède également l'un des curriculum vitae le plus unique au monde, y compris son expérience avec un insecte vivant dans son oreille, de marcher dans une fenêtre vitrée, d'avoir la frousse du haut du plongeoir à l'école élémentaire, détruisant la ferme de fourmis de sa classe en troisième année, perdant un concours d'orthographe avec le mot « utiliser » (« use » en anglais), martelant son pied, et, plus récemment, naufrageant sa motoneige dans un lac. Chris et sa femme Terri ont quatre enfants et habitent en Caroline du Nord. .

ORRIN WOODWARD

Expert en leadership, Orrin Woodward a écrit plusieurs livres sur le leadership, les affaires et bâtir des communautés incluant son livre RESOLVED Primer et RESOLVED : 13 Resolutions for LIFE, qui a été nommé parmi un des 100 meilleurs livres en leadership de tous les temps. Il est coauteur du livre à succès selon le New York Times LeaderShift et Lancer une révolution en leadership.

M. Woodward est le gagnant du plus grand prix en leadership du IAB en 2011. Il détient quatre brevets américains et a gagné une récompense exclusive le « National Technical Benchmarking Award » pour des analyses techniques des produits. Il détient un baccalauréat ès sciences en génie des systèmes de fabrication à l'Université Kettering et a reçu une formation en administration des affaires de l'Université du Michigan.

M. Woodward a voyagé à travers le monde pour enseigner des milliers d'auditoires au sujet du leadership, du succès, de l'économie, de l'histoire et de la liberté. Ses réflexions en leadership sont partagé sur son blogue très acclamé orrinwoodwardblog.com, qui est une Sélection des meilleurs blogues en leadership et un des 100 meilleurs blogues en gestion et leadership de HR.

Orrin suit le soleil entre ses résidences au Michigan et en Floride avec sa charmante épouse Laurie et leurs enfants. Il aime faire du bateau, de la pêche, presque tous les sports, lire, faire du mentorat et mener.